LU FERREIRA

Chata de Galocha

Um guia para aproveitar as coisas boas da vida

Gente editora

Diretora
Rosely Boschini

Gerente Editorial
Marília Chaves

Assistente Editorial
Juliana Cury Rodrigues

Controle de Produção
Karina Groschitz

Preparação
Renata Lopes Del Nero

Projeto Gráfico e Diagramação
Vanessa Lima

Revisão
Eugênia Souza

Capa
Luciano Ferreira

Fotos de Miolo e Capa
Leo Horta

Impressão
Assahi Gráfica

Rua Pedro Soares de Almeida, 114,
São Paulo, SP – CEP 05029-030
Telefone: (11) 3670-2500
Site: www.editoragente.com.br
E-mail: gente@editoragente.com.br

Dados Internacionais de Catálogo na Publicação (CIP)
Angélica Ilacqua CRB-8/7057

Ferreira, Luísa
Chata de galocha : um guia para aproveitar as coias boas da vida / Luísa Ferreira. – São Paulo : Editora Gente, 2017.
200 p.

ISBN 978-85-452-0171-7

1. Estilo de vida 2. Qualidade de vida 3. Beleza 4. Maternidade I. Título

17-0586 CDD 158.1

Índice para catálogo sistemático:
1. Estilo de vida 158.1

AGRADECIMENTOS

Dez anos atrás eu jamais poderia imaginar que, um dia, publicaria um livro. Este exemplar que você tem em mãos só existe porque tenho pessoas incríveis que estão sempre comigo: minhas seguidoras, leitoras, amigas. Aquelas que entendem as minhas chatices e me incentivam a sempre compartilhar o meu melhor e a criar novas maneiras de me comunicar.

Agradeço também o incentivo que sempre recebi dos meus pais. Se não fosse o apoio dos dois jamais teria criado um, dois, três, quatro blogs, e muito menos seguido em frente com o último deles, transformando um passatempo em carreira. Meu pai também me ensinou a sempre procurar o lado bom de tudo, a conversar com as pessoas e a contar histórias. Já com minha mãe, aprendi a gostar do diferente e a fugir do lugar comum. Vejo um pouco dos dois na minha "chatice de galocha".

Tenho uma equipe incrível que me acompanha e que é corresponsável por todo o conteúdo produzido pelo Chata de Galocha. Nossas histórias não seriam as mesmas sem o olhar do Leo, fotógrafo-cineasta-companheiro, que empresta seu talento para deixar o Chata mais bonito (e minha vida mais colorida); Poucas pessoas sabem o que é ter um verdadeiro braço direito, e tenho a sorte de me entender com a Xu apenas através do olhar; Uma das partes mais gostosas do Chata só existe porque encontrei uma metade em Paris, o Gui me ensinou a cozinhar melhor e divide suas receitas e seu afeto desde que entrou na minha vida em uma viagem incrível; impossível esquecer também do Bruno, Aninha, Karla e Tati, queridos, incrivelmente eficientes e partes essenciais da família mais chata da internet.

Para este livro também contei com a ajuda de pessoas e empresas muito especiais: obrigada Carla Lemos, Carol Horta, Nati Vozza, Luciano Ferreira, Paula Merlo, Consuelo Blocker, Lafê, Favori e Bianza pelo apoio nesse projeto tão especial!

SUMÁRIO

INTRODUÇÃO | **7**

ESTILO | **10**
O que se vestir bem significa para mim | **12**
Moda e consumismo | **16**
As peças do meu guarda-roupa que mais uso | **20**
Cores (criando uma paleta pessoal) | **32**
Criando seu look único | **35**
Sobre sapatos | **38**
Tatuagem | **51**
Nada é proibido | **56**
Moda sem chatice | **60**

BELEZA | **68**
Por que nos preocupamos com cuidados de beleza? | **70**
O que aprendi com minha mãe | **74**
A rotina da noite | **78**
A rotina da manhã | **81**
Truques rápidos de maquiagem | **84**
O segredo do meu delineado | **86**
Rotina capilar | **90**
O que tem no meu nécessaire | **93**
Minha make básica | **98**
Cirurgia plástica | **101**

PRATICIDADE | **104**
Sobre saúde e bem-estar | **106**
Algo que só aprendi viajando muito | **109**
A mala de mão perfeita | **112**
Vencendo o medo de avião | **116**
Viajando com o(a) namorado(a) | **119**
Viajando com o bebê | **122**
Mala de viagem | **126**
Cinco lugares em Belo Horizonte | **132**
Cinco lugares em São Paulo | **136**
Cinco lugares no Rio de Janeiro | **140**
Cinco lugares em Nova York | **144**
Cinco lugares em Londres | **148**
Cinco lugares em Paris | **152**

LÁ EM CASA | **156**
Trabalhando em *home office* | **158**
Recebendo visitas em casa | **163**
Receitas garantia de sucesso | **166**
O que nunca imaginei na maternidade | **186**
Dicas rápidas para uma casa mais organizada | **192**
Para a Luísa de dez anos atrás | **195**

CARTA DE DESPEDIDA | **198**

INTRODUÇÃO

Fazia todo sentido, lá em junho de 2007, criar mais um blog. O Chata de Galocha nasceu quando eu tinha 22 anos e estava terminando a faculdade. O nome engraçadinho era na verdade um aviso: o blog foi criado para eu opinar sobre lugares que ia e, como sempre fui detalhista, achei melhor avisar de cara que eu tinha perfeita noção de que era uma chata de galocha. O ritmo nos primeiros meses foi lento, mas logo comecei a ler diversos blogs e quis falar sobre outros assuntos, foi assim que surgiram os primeiros posts de moda, maquiagem e tudo mais.

Não preciso dizer que mudei ao longo destes dez anos, não é? A única coisa que não mudou foi a vontade de descobrir novidades e de conversar, dividir isso com mais gente. Aliás, eu não sabia que gostava tanto de conversar, porque sempre fui muito tímida (anos de terapia não resolveram, o blog sim!) e por isso sempre perdia a oportunidade de conhecer pessoas legais. E este é o maior presente que o Chata de Galocha me deu neste tempo todo de bate-papo: conheci um monte de gente, opiniões e lugares que jamais teria conhecido se ele não existisse.

À frente de um dos primeiros blogs de estilo do Brasil, acabei vivendo muita coisa interessante: participei de campanhas publicitárias que não ficavam só no on-line, cobri inúmeras semanas de moda no Brasil e no mundo, conversei com veículos de

comunicação internacionais e ministrei palestras em diversas ocasiões, sempre dividindo tudo com meus seguidores.

A chatice não ficou só em forma de posts. Divido minhas experiências em todas as redes sociais e, desde a criação do canal no YouTube, ganhei a companhia de um público novo, que me ajuda ainda mais a evoluir através dos comentários deixados nos vídeos. Adoro encontrar outros chatos por aí, com suas opiniões certeiras que contribuem para o meu desenvolvimento pessoal.

Pessoas chatas de galocha sabem que merecem sempre o melhor. Nossa turma busca pequenos prazeres em todas as áreas da vida: receitas deliciosas, viagens divertidas, momentos incríveis mesmo nas horas mais simples. Um bom chato de galocha faz questão de aproveitar tudo o que lhe é proporcionado e não mede esforços para sempre ter experiências gostosas.

Se você vive em busca da receita mais saborosa, dos melhores programas na cidade em que vai visitar, das últimas novidades de moda e dos mais incríveis tratamentos de beleza, não se engane: você também é uma pessoa chata de galocha. E este livro é para você.

Depois de tanto tempo conversando com tanta gente, reuni aqui minhas dicas favoritas, experiências que podem ser úteis em vários momentos da vida. Você pode ler este livro na ordem ou consultá-lo de acordo com seu momento, não importa. Espero que meus dez anos de Chata de Galocha oficial sirvam para te ajudar a ter experiências incríveis, como tudo na vida deve ser.

ESTILO

O QUE SE VESTIR BEM SIGNIFICA PARA MIM

1

Uma vez fui a um casamento e não conseguia tirar os olhos de uma convidada. Enquanto todas as outras mulheres da festa estavam de vestido (todas!), ela foi de terninho. Um terninho cinza-claro, bem cortado, de tecido bonito (sou péssima com tecidos e não me arrisco a dizer qual era). A maquiagem era perfeita, o cabelo, curto, estava com o volume lindo daquelas escovas bem feitas. Os acessórios davam cara de festa, superfemininos, e os sapatos eram incríveis, com saltos bem altos. Ela devia ter uns trinta anos a mais que eu, e naquele dia decidi que queria ser como aquela mulher. Sabe uma pessoa segura de si? Que entra num ambiente, tem aquele sorriso confiante, anda sem titubear e mantém aquela postura bonita? Pois é.

A roupa daquela mulher era totalmente original, nenhuma outra usava algo parecido na festa, e ao mesmo tempo ela estava perfeitamente adequada para a ocasião. Talvez o que me tenha chamado a atenção nem tenha sido o terno, mas a postura dela, sabe?

Quando nos sentimos bem nos comportamos de maneira diferente, já reparou? Confiança é a melhor peça de qualquer guarda-roupa. Mas a gente costuma demorar até se encontrar, não é?

Aliás, acho que ainda não me encontrei por completo quando o assunto é estilo, afinal estamos em constante mudança e por isso não acredito em ser fiel a um único estilo o tempo todo, mas consigo visualizar

SE VESTIR BEM DEPENDE DESSE CONJUNTO: ESCOLHER O QUE FUNCIONA PARA O NOSSO CORPO E O QUE SE ENQUADRA EM NOSSAS PREFERÊNCIAS.

o meu e costumo me manter fiel a ele em cerca de 80% das ocasiões. E os 20% que faltam? É que eu adoro uma novidade. Sou muito curiosa e gosto de experimentar tudo, até mesmo roupas que depois descubro não terem muito a ver comigo.

Fui entendendo meu estilo ao longo dos anos observando meu corpo e minhas preferências. Quando falo do corpo é porque a função essencial da roupa é nos cobrir, certo? Então precisamos entender os efeitos das peças em nosso corpo. Não me entenda mal: ninguém deve deixar de vestir alguma roupa por ser alta, baixa, gorda, magrela ou o que seja. Mas entender os efeitos das peças nos ajuda a usá-las a nosso favor e a criar os looks que julgamos mais interessantes para nós.

Escolher se vamos usar uma silhueta mais seca ou *oversized* (exagerada) é uma decisão de estilo que tem a ver com como queremos mostrar nosso corpo. Se vamos destacar uma característica marcante (um quadril largo, por exemplo) ou deixá-la em segundo plano, também. Cada decisão vai passar uma informação sobre você e contar um pouquinho da sua história e da sua personalidade.

A segunda parte da descoberta do estilo parece mais simples: quais são as cores que você mais gosta? Gosta de estampas românticas ou prefere as gráficas? Essa parte parece fácil, mas foi difícil pra mim. Eu gosto de muita coisa, sou louca por estampas, por exemplo. No entanto fui entendendo aos poucos (com muitas peças ficando sempre nos cabides do armário!) que não é por uma estampa ser bonita que ela precisa morar no meu guarda-roupa. Eu quase não uso peças com estampas, logo, não faz sentido comprar mais uma só porque gostei do desenho.

Se vestir bem depende desse conjunto: escolher o que funciona para o nosso corpo e o que se enquadra em nossas preferências. Quando a gente acerta essas duas escolhas e leva em consideração a adequação delas à ocasião, não tem como o look dar errado.

MODA E CONSUMISMO

2

Olha, não sou a melhor pessoa para falar de dinheiro. Odeio planilhas e contas, não me dou bem com números. Porém isso não quer dizer que seja financeiramente irresponsável – pelo menos não muito.

Quando comecei a trabalhar e a ganhar meu próprio dinheiro passei por uma fase um pouco descontrolada. Era incrível finalmente ter uma grana e poder comprar tudo que sempre quis, então por um período fiz compras desenfreadas, de peças novas a cada semana (nunca comprei tanto sapato!). Não deixava de pagar nenhuma conta, nunca entrei no vermelho, mas depois de um tempo aquilo começou a virar um descontrole e tomei uma medida drástica: cortei meu próprio cartão de crédito. Era muito chato receber meu salário para logo em seguida ter de ver quase a totalidade dele indo embora para pagar o cartão, então decidi que só compraria se tivesse dinheiro no banco.

Isso fez com que eu pensasse mais antes de comprar e também que eu entendesse melhor o uso saudável do cartão de crédito. Quando decidi voltar a ter um, um ano depois, já não estava mais na fissura de comprar o que visse pela frente e desde então acredito ter uma relação saudável com o que consumo.

A questão é que, quanto mais a gente se conhece, menos sente necessidade de comprar, sabe? Acho que todo mundo já fez compras por impulso, mas depois de um tempo a gente aprende que, se a compra não for pensada, aquela satisfação é vazia e desaparece assim que saímos do shopping.

Ao entender melhor meu estilo e o que funciona para meu corpo e modo de vida, passei a descartar automaticamente um monte de produtos que via nas prateleiras. Comecei até mesmo a fazer compras mais rápido, já que só de bater o olho sei que que muitas coisas não são pra mim.

Eu também tenho uma característica que é ótima para não cair em conto de vendedor: sou muito teimosa (ou chata de galocha, como você preferir chamar). Odeio que me digam o que fazer, por isso sempre detestei aquelas matérias de revista que falam o que você "tem que ter" a cada estação (Argh! Que coisa ultrapassada!) e os vendedores que falam que "tá todo mundo usando". Sabe, eu adoro tendências e acho que adotar algumas delas (e consequentemente fazer compras a cada nova estação) é uma maneira de atualizar o guarda-roupa, mas apenas aquelas que têm a ver comigo e com meu estilo.

Jamais compro algum produto só porque é tendência. Tendência também custa dinheiro, oras! E não faz sentido algum comprar alguma peça só porque é novidade. E daí que é novidade se não tem nada a ver comigo? Deixe-a na loja, deixe-a pra quem tem aquele estilo. Muito mais legal é adotar tendências que funcionem com nosso guarda--roupa e assim fazer poucas e boas compras, gastando bem o dinheiro e não lotando o armário de peças desnecessárias.

10 INDÍCIOS DE QUE VOCÊ ESTÁ PRESTES A FAZER UMA COMPRA ERRADA:

1. VOCÊ JÁ **TEM ALGO PARECIDO** NO ARMÁRIO
2. É UM **NÚMERO MENOR** DO QUE O SEU, MAS VOCÊ "VAI DAR UM JEITO"
3. **NÃO COMBINA** COM **NADA** DO QUE VOCÊ JÁ TEM
4. É UM SALTÃO E VOCÊ **SÓ USA** RASTEIRAS
5. VOCÊ **NEM GOSTOU** MUITO, MAS "TÁ TÃO BARATINHO..."
6. VOCÊ **NÃO EXPERIMENTOU**
7. **NEM É TÃO LEGAL**, MAS É DE UMA MARCA FAMOSA
8. **NÃO VALORIZOU** SEU CORPO
9. PRECISA DE MUITOS **AJUSTES**
10. VOCÊ **NÃO GOSTA**, MAS "TÁ TODO MUNDO USANDO"

AS PEÇAS DO MEU GUARDA-ROUPA QUE MAIS USO

3

Todo mundo tem os seus básicos, aquelas peças que nunca param no armário, que te acompanham em quase todas as ocasiões. Seja porque são confortáveis, seja porque funcionam bem com o tipo de corpo, é legal descobrir quais são seus básicos e assim saber onde investir na hora de fazer as compras. Estes são os meus:

rue
Saint-Denis
Paris

T-SHIRT *BÁSICA*

Sempre gostei de camisetas, mas depois que descobri que meu corpo é do tipo triângulo invertido (ou seja, tenho os ombros mais largos que os quadris) passei a ser fanática por camisetas básicas. Tenho várias, geralmente em preto, branco e cinza, que uso com absolutamente tudo: shorts, saias, calças... Como gosto muito de peças mais elegantes, como as de alfaiataria, a t-shirt também é um contraponto de estilo bem interessante.

CALÇA CONFORTÁVEL E ELEGANTE

Uma vez li que toda mulher deveria ter uma calça de alfaiataria no armário. Eu sempre achei isso uma bobagem (e ficava com ranço do "tem que ter"), mas um dia encontrei a minha! De modelagem ampla e barra ligeiramente mais curta, é a peça mais curinga que tenho no armário. Uso para viajar, para ir a reuniões, para tudo na verdade, até para ir fazer as unhas combinando com chinelo. Sabe aquela peça que você morre de medo de que fique velha? É a minha calça de alfaiataria.

CAMISA

Nossa, como eu amo camisas! Usava tanto em certo momento que precisei me policiar para parar de comprar novas. Simplesmente adoro. Camisas são práticas, elegantes e sempre passam aquela sensação de "arrumado", sabe? Mesmo que você só esteja de jeans! De uns tempos pra cá comecei a gostar dos modelos menos básicos: com recortes, modelagens um pouco diferentes, enfim, tudo que deixe a peça mais descontraída.

JAQUETA *de couro*

Em 97% das vezes que viajo levo minha jaqueta de couro. A peça é muito útil: protege do vento, combina com praticamente tudo (acompanha desde o jeans ao vestido leve) e, fala sério, é muito *cool*. Traz aquele ar descolado para qualquer look, principalmente depois de algum tempo, quando ela começa a ter marcas de uso e desgaste.

SHORT

Como não amar uma peça que além de superprática ressalta uma das partes do meu corpo que mais amo? Tenho vários modelos diferentes: de jeans, tecido liso, estampado, short-saia... Combino com camisa e sapatos oxford para um look descontraído-elegante e com tênis e blusinha para aqueles programas em que o conforto é essencial.

CORES (CRIANDO UMA PALETA PESSOAL)

4

Não me lembro de quando percebi isso, mas eu sempre preferi comprar roupas de coleções de inverno. A modelagem não tem nada a ver com minha preferência: é que no inverno as marcas lançam as cores mais intensas como roxo, verde-escuro, azul-escuro... Nunca me encontrei nas cores vibrantes do verão: sempre detestei laranja, amarelo etc. Achava ser apenas uma questão de gosto pessoal, mas agora eu sei: aprendi intuitivamente a escolher as cores que funcionam melhor com minha paleta pessoal.

Existem vários métodos para identificar a sua, e recomendo que você procure uma consultora de estilo para uma análise mais detalhada. Porém, baseando-se nas suas características principais já dá pra ter uma ideia.

QUENTE OU FRIO?

A primeira informação que pode ajudá-la a descobrir sua paleta ideal está na sua gaveta de bijoux: você usa mais dourado ou prata? Por aqui o prata sempre ganhou; tenho poucas peças douradas na gaveta. Geralmente quem prefere o prata vai se sentir melhor usando cores frias, como azul, rosa mais claro e cinza. Já quem gosta de dourado vai preferir cores quentes: vermelho, amarelo ou laranja. Outra maneira de identificar isso é olhando para as cores das suas veias: elas parecem mais azuladas ou esverdeadas? Pessoas com veias azuladas são as de tom de pele frio, já as de veias esverdeadas, tom quente.

Se sua pele for de **tom frio**, você pode se encaixar em duas paletas:

INVERNO

Cabelo muito escuro, de tom frio, grisalho-acinzentado, combinado com olhos de cores escuras: castanhos, pretos, verde-escuros e azul-escuros.

CORES PREFERENCIAIS

VERÃO

Cabelo com subtom dourado, loiro, cor de palha, combinado com olhos mais claros: cor de mel, castanho-claros, verde-claros e azul-claros.

CORES PREFERENCIAIS

Se sua pele for de **tom quente**:

OUTONO

Cabelo em tons quentes, como ruivo, vermelho, castanho, combinado com olhos de cores escuras: castanhos, pretos, verde-escuros e azul-escuros.

CORES PREFERENCIAIS

PRIMAVERA

Cabelo de cores menos intensas, como loiro-dourado e castanho-claro, combinado com olhos bem claros: cor de mel, castanho-claros, verde-claros e azul-claros.

CORES PREFERENCIAIS

CRIANDO SEU LOOK ÚNICO

CRIANDO SEU LOOK ÚNICO

Sempre achei difícil essa história de definir meu estilo; nunca sei o que dizer quando me perguntam isso em entrevistas. É que a vontade é de responder "eu" e não a resposta que querem ouvir: romântica, elegante, casual, esportiva... Acho isso pouco para definir um estilo, sabe?

Tudo que usamos ajuda o outro a definir uma imagem sobre nós: desde a roupa – o mais óbvio – até a maquiagem, o corte e a cor do cabelo, o formato e a cor das unhas, a existência ou não de tatuagens...
E muitas dessas escolhas são quase inconscientes, ou seja, refletem mesmo quem nós somos. Mas facilita muito conseguir identificar nossas preferências e assim fazer escolhas mais acertadas na hora das compras e de escolher o que vestir. Existem dois fatores importantes pra isso: autoconhecimento e repertório.

Por isso, antes de tudo, precisamos nos assumir. Aceitar que o quadril pode ser mais largo do que você gostaria, que a cintura não é tão fina como a da amiga, que você é baixinha, alta, magrela, gordinha... Tem aspectos que podem ser mudados se incomodarem muito, outros não, e por isso precisamos aprender a conviver com eles. Sei que falando assim, rapidinho em um parágrafo, parece fácil e simples, mas não é. Pode levar anos. Ainda assim é importante e essencial conviver bem consigo mesma (e eu não estou falando só de moda quando digo isso!).

5

Aí é hora de sabermos do que gostamos e do que não gostamos; o que é confortável e o que é melhor deixarmos de lado; o que funciona em nosso corpo e o que é melhor não usarmos; qual tendência adotar e qual deixar passar. Entender as proporções do próprio corpo (o ombro é mais largo que o quadril ou é o contrário? O tronco é curto ou alongado?) facilita esse processo, já que isso pode interferir na escolha do que usar.

Tendo isso em mente, é importante ter repertório. Claro que ler revistas de moda, blogs e seguir perfis inspiradores no Instagram ajuda, mas repertório não se resume a isso. Assistir a filmes, ler livros, escutar músicas, visitar museus, viajar para conhecer lugares novos, tudo isso mexe com a gente e, por consequência, com nosso estilo. Conhecer os próprios gostos e reações diante do mundo nos ajuda a entender quem somos – o que nos leva de volta ao autoconhecimento.

Estilo é uma representação de nossas escolhas, por isso mesmo é algo extremamente pessoal. Sejam essas escolhas pautadas por proporções (adoro calças amplas porque elas equilibram minha silhueta), ou por preferências (acho sapatos de salto a coisa mais linda do mundo), é esse mix que vai se traduzir em seu estilo. E sabe o que é mais divertido? Ele evolui com você.

SOBRE SAPATOS

6

Eu sempre fui louca por sapatos. Na verdade sempre gostei mais de acessórios do que de roupas, porque acredito que eles podem mudar completamente o look. Sem contar que enjoo muito fácil de roupas, então prefiro investir em sapatos de qualidade e usar peças mais básicas.

Quando eu tinha 15 anos, ganhei uma grana do meu pai de presente de aniversário. O tipo de grana com o qual qualquer menina de 15 anos se assusta. Fiquei um ano com aquilo no banco gastando aos pouquinhos… E eu lembro a primeira coisa que comprei: um sapato. Na real, um sapato supertendência na época, um tamanco de madeira com tiras jeans (bem, pelo menos eu era ousada!), que eu usava nas festas que começava a frequentar nessa época.

Alguns anos mais tarde, noiva (novinha, do primeiro casamento), quando estava terminando a faculdade e fazendo estágio, juntando toda a grana possível para o casamento, briguei com minha mãe. Eu havia chegado em casa com dois pares novos (era liquidação!), e ela veio me questionar sobre o gasto desnecessário. Sabe qual minha resposta? "Mas, mãe, eu simplesmente não posso sair descalça por aí, sapatos são uma necessidade básica."

Os modelos que eu mais uso:

SCARPIN *PRETO*

No meu mundo ideal seria o de salto altíssimo, que acho mais bonito, mas a realidade é que não consigo usar sapatos desconfortáveis por muito tempo. Adoro um par de scarpins de salto médio que tenho há anos. É um supercuringa, deixa qualquer look mais elegante, e é o par perfeito pra levar na mala caso apareça algum programa.

OXFORD

Gosto de criar contrastes nos meus looks e, por ter um estilo mais feminino e usar muita maquiagem, costumo usar os oxfords para equilibrar. O modelo vem do guarda-roupa masculino e é uma graça, combina com tudo: uso com vestidos, saias, jeans...

SANDÁLIA *de tiras*

Meu modelo favorito de sandália é a que tem uma tira na frente e a fivela, nada mais. O minimalismo do modelo faz da sandália de tiras um acessório feminino, sensual (mostra muito o pé!) e o melhor de tudo: facílimo de combinar. Não vivo sem a minha.

TÊNIS *BRANCO*

Este é um modelo que é relativamente novo no meu armário! O tênis branco virou tendência há algum tempo e depois disso se tornou básico nos meus looks. Adoro o contraste do tênis com peças mais elegantes e também amo o conforto, claro.

BOTA *SEM SALTO*

Se não morasse em uma cidade que me faz sentir calor 80% do tempo, com certeza teria uma coleção de botinhas de cano curto. No frio combino as pretas com meia calça escura (que me ajudam a criar uma ilusão de silhueta alongada), no verão uso com meias curtinhas (que não aparecem) e vestidos. Adoro vestido com botinha sem salto e de cano baixo, look simples e descolado.

SITUAÇÕES ENVOLVENDO SAPATOS PELAS QUAIS TODA MULHER JÁ PASSOU

Achar o par que sempre sonhou em liquidação... Mas **NÃO TER O SEU NÚMERO**

ESTRAGAR AS UNHAS porque usou um sapato fechado achando que o esmalte já tinha secado

Provar o salto na loja **E MORRER DE DOR** depois de dez minutos na festa

Querer jogar fora aquela sandália linda, por causa de uma **TIRA MATADORA** que incomodou o dia todo

Usar aquela **MEIA PEQUENA** com o tênis de cano curto e **SENTIR ELA DESLIZANDO** para a sola cinco minutos depois

Usar a sapatilha pela primeira vez e ter de comprar um **ESTOQUE DE CURATIVOS** para conseguir usá-la depois

TATUAGEM

TATUAGEM

Quando eu tinha 15 anos resolvi que queria uma tatuagem. Eu sempre gostei delas. Acho lindo quem fecha os braços, ou seja, cobre a pele de tatuagens nessa região, mas nessa idade eu queria algo menos radical, e o desenho escolhido foi uma estrela. Meus pais precisaram aprovar a ideia (ela é pequena!) e ir comigo ao estúdio para autorizar e, depois de alguns minutos, ganhei meu primeiro desenho.

Desde então as tatuagens têm um significado especial para mim. Eu só faço uma tatuagem quando sinto que preciso me lembrar de algum momento para resto da vida, e o desenho é uma espécie de símbolo desse período. Alguns são mais abstratos, como a tal estrelinha, outros mais literais, como o número do voo de uma viagem que mudou minha vida. Mas todos têm um significado especial, nunca tatuei um desenho só por tatuar.

Toda vez que paro para observar minhas tatuagens me lembro do momento que me levou até o estúdio. Acho muito legal ter essas lembranças, porque elas acabam me ajudando a compreender os caminhos que fui percorrendo, sabe? O que sentia no momento que decidi fazer aquele desenho, como o escolhi, o que senti ao fazer... Parece que essas sensações também ficam tatuadas em mim.

7

Não tenho um tatuador fixo, como algumas pessoas que fazem tattoos com frequência têm, mas sempre tomo alguns cuidados na hora de partir para a próxima.

PESQUISAR

Geralmente tenho uma ideia do que quero tatuar, mas só decido mesmo depois de muita pesquisa! Procuro imagens de tatuagens no local em que quero fazer a minha e desenhos semelhantes. Levo tatuagem a sério, e essa é a etapa que costuma demorar mais.

NAMORAR O DESENHO POR ALGUNS DIAS

Já que a ideia é ter aquele símbolo junto de mim pra sempre, faço questão de ter certeza de que gosto (e muito!) dele. Depois de pensar no desenho e chegar ao traço final, fico com aquele ícone guardado por alguns dias, pensando nele e adquirindo a certeza de que é aquilo que quero. Isso é especialmente importante para tatuagens que ficam muito à mostra, já que vamos vê-la o tempo todo.

ESCOLHER O LOCAL A SER TATUADO

Não é só o desenho que importa, o local onde ele vai ficar também é importante. Já cheguei a fazer uma simulação no Photoshop antes de tatuar o braço, com receio de me assustar com o resultado e acabar me arrependendo. Outro detalhe é que a intensidade de dor varia de acordo com o local escolhido: enquanto na parte de fora do braço eu não sinto nada, jamais vou esquecer a dor que senti tatuando a costela!

CUIDAR DA CICATRIZAÇÃO

A tatuagem é uma agressão à pele, e por isso os cuidados com a cicatrização são muito importantes. Sempre sigo as recomendações do tatuador e uso a pomada indicada, assim como muito protetor solar quando vou expô-la ao sol. Dessa maneira, o desenho continua bonito por mais tempo.

SEMPRE QUE PARO PARA OBSERVAR MINHAS TATUAGENS ME LEMBRO DO MOMENTO QUE ME LEVOU ATÉ O ESTÚDIO.

5254

NADA É PROIBIDO

8

Algo que sempre contribuiu para os outros me chamarem de chata é minha mania de ser diferente. Na verdade, não é bem isso: só procuro me respeitar na hora de fazer escolhas. Como muitas vezes elas fogem do padrão, é mais fácil me chamar de chata, sabe?

Sempre tive personalidade forte, e por isso mesmo tenho calafrios quando escuto qualquer coisa do tipo "não pode usar". Detesto que me digam o que fazer em qualquer área da vida, mas falando de moda isso parece ainda mais irritante, afinal de contas cada um tem um estilo e é isso que conta na hora de escolher o que levar para o guarda-roupa. Ou pelo menos deveria ser!

Estamos passando por um momento de desconstrução social, já notaram? Cada vez mais questionamos os padrões que nos foram impostos, e isso tem várias consequências maravilhosas, até mesmo na hora de escolher o que vestir. Fomos ensinados que nossas características são defeitos, já reparou?

É baixinha? Tem de alongar. É gordinha? Tem de afinar. É alta? Não vai usar salto, não é? É magrela? Usa duas calças para encorpar. O cabelo é crespo? Alise-o. É branquela? Pegue uma cor pra dar saúde, vai. E assim vamos nós, cada uma com seus "defeitos", os quais muitas vezes tentamos disfarçar durante a vida toda.

Mas espere aí: quem disse que ser baixinha é algo ruim? Tudo bem, é chato quando vou a um show e só vejo cabeças, porém fora ocasiões como essa não vejo nenhuma desvantagem. Aliás, caibo perfeitamente numa cadeira de avião, viu? Ser pequena também tem suas vantagens! Não vejo problemas em usar sapatos sem salto, peças longas, calças que acabam no meio da canela ou qualquer outra peça que "achate". Já sou achatada, oras!

FOMOS ENSINADOS QUE NOSSAS CARACTERÍSTICAS SÃO DEFEITOS, JÁ REPAROU?

Sempre que uso um desses itens estou fazendo uma escolha. Sei que vou evidenciar minha altura usando uma *pantacourt*, por exemplo, mas não deixo de usar nada que eu goste por conta disso. Em determinadas ocasiões vou optar por combinar essas peças de forma que isso seja suavizado (usando tudo de uma cor só, por exemplo, faço o olhar do outro ir da cabeça aos pés, suavizando a sensação de silhueta curta que a calça provoca), e em outras não, porque não tenho obrigação de disfarçar uma característica minha o tempo todo. Ninguém tem.

E assim como não precisamos disfarçar nada que não quisermos, também precisamos respeitar o outro. Temos esse hábito de julgar a roupa, o cabelo e o corpo do outro, só que isso precisa parar. Cada um cuida de si e sabe como se sente bem, e se a maneira que o outro encontrou para se aceitar é diferente da sua, ela é só isso: diferente. Não é pior nem melhor, é a maneira dele. Então tudo bem se a moça de cabelo crespo não quiser alisar o cabelo, ou se preferir ele liso; se a gorda decidir emagrecer, ou se quer ficar como está, pois se sente bem com o próprio peso; se a baixinha não quiser usar salto ou ama usar uma plataforma.

Adoro o movimento de autoaceitação que tem acontecido nos últimos anos e acho incrível ver meninas assumindo seu cabelo natural, gordinhas ganhando cada vez mais opções de marcas e todo mundo se sentindo mais à vontade para se divertir com a moda. Mas também está tudo bem se você não curtir uma característica sua e quiser mudar, viu? Se a mudança é para agradar a você mesma, ela só vai trazer pontos positivos, porque tudo muda quando estamos bem conosco, não é?

Sabendo quem somos e o que nos agrada, podemos fazer nossas escolhas. Seguir ou não uma tendência é opção de estilo, não obrigação. Nada é proibido quando estamos nos respeitando e fazendo escolhas que nos farão bem. Seja na moda, seja na vida, vale ser chato se isso significar sair do padrão para se encontrar.

MODA SEM CHATICE

9

Sabe aquelas ocasiões que sempre despertam dúvidas? Por mais que a gente conheça o próprio estilo e saiba exatamente do que gosta, em alguns momentos bate aquela insegurança na hora de escolher o que usar. Eis aqui algumas dicas para aqueles eventos que costumam nos deixar pensando no look muitos dias antes do evento:

CASAMENTO DURANTE O DIA

Acho que tudo na vida é uma questão de se adequar. Quando a gente pensa em casamento durante o dia não é diferente. Ao escolher o look para ocasiões assim eu sempre gosto de lembrar que, apesar do horário pouco convencional por aqui, ainda se trata de uma ocasião especial, uma data muito importante para os noivos que me convidaram, então não é por ser durante o dia que o visual merece menos cuidado. Como em qualquer casamento, gosto de evitar looks claros demais, que pareçam brancos nas fotos. Muitas noivas ficam incomodadas, e tudo que a gente não quer é chatear uma pessoa querida em uma data tão especial.

Casamento durante o dia combina com cores e estampas, vestidos leves. Cores suaves funcionam muito bem e ficam lindas nas fotos! Não acho que exista essa divisão de pode ou não pode na moda, mas em geral os tecidos mais brilhantes e acessórios mais carregados funcionam melhor à noite, já que o sol vai deixar tudo mais carregado. Vale prestar atenção ao horário do evento, pois um casamento que começa às quatro da tarde com certeza vai terminar à noite, e o look pode ficar num meio-termo.

O local do casamento também influencia a escolha do que vestir: se a cerimônia for num gramado ou na areia, dificilmente você conseguirá andar em cima de um salto muito fino, não é mesmo?

Na hora de escolher o penteado, vale pensar no local mais uma vez: será que venta muito? Prender o cabelo também é questão de praticidade, sabe? Um coque mais desarrumado, rabo de cavalo ou trança garantem que o cabelo fique em ordem até o fim da festa.

Para eventos durante o dia eu prefiro não carregar demais na maquiagem. Um olho com um delineado bonito e sombras neutras combinam com praticamente tudo! Batons coloridos também ficam lindos! Só não se esqueça de levá-los na bolsa para retocar ao longo do evento.

MADRINHA DE FESTÃO

A chave para estar bem vestida num casamento é entender a importância daquele evento. Só de pensar que ele geralmente demora mais de um ano para ser planejado dá pra entender a importância de escolher bem o que usar numa ocasião tão especial, não é? Sendo madrinha os cuidados devem ser ainda maiores, afinal é uma posição de destaque nesse dia.

Eu gosto de respeitar a cor da noiva. Branco, creme e cores claras demais (que pareçam branco nas fotos) só mesmo se a noiva disser com todas as letras que não se importa, e mesmo assim eu evitaria... Tem tanta cor pra escolher, não é verdade? Ainda refletindo sobre as cores, às vezes a noiva gosta de combinar a cor dos vestidos das madrinhas, então vale perguntar antes de escolher o seu.

Já que o casamento é uma cerimônia, um ritual, acho legal não exagerar em decotes, transparências e fendas, independentemente de ser realizado numa igreja ou em outro local. A palavra-chave da madrinha é elegância.

E pensando nisso vale gastar um tempo na maquiagem e no penteado. Você não precisa usar nada exagerado. A ideia é dar aquele efeito de bem acabado, sabe? Ainda assim eu adoro essas ocasiões para finalmente fazer aqueles penteados que a gente vê por aí e raramente tem a oportunidade de usar.

Outro ponto legal de festas assim é poder usar acessórios mais marcantes e cheios de brilho: brincos e colares com pedras funcionam muito bem. Para o look sair do óbvio, dá pra usar brincos de cores contrastantes com o vestido: verde fica lindo com vermelho, turquesa com o pink, âmbar com o malva, e por aí vai.

NOIVA NO CASAMENTO CIVIL

Muita gente não dá importância, fala que é só um minutinho no cartório. Eu discordo: noiva é noiva não importa onde estiver. Mesmo se você não fizer uma festa depois, nada mais gostoso do que aproveitar todas as oportunidades que tiver de comemorar uma data tão especial! Só que, claro, pensando no ambiente e na adequação à ocasião. A cerimônia civil é simples, rápida e costuma acontecer durante o dia, mas ainda assim é uma cerimônia.

A CHAVE PARA ESTAR BEM VESTIDA NUM CASAMENTO É ENTENDER A IMPORTÂNCIA DAQUELE EVENTO

Quando me casei no civil quis um vestido claro. Ele era preto e branco e comprei especialmente para a data. Acho legal que a mulher tenha alguma característica de noiva na roupa, e nada mais característico do que o branco, certo?

Calça de alfaiataria e blusa são opções legais para o look do cartório se você não quiser ir de vestido. Acho muito elegante usar roupas de alfaiataria em branco, e o legal é que peças separadas são mais fáceis de serem usadas depois do casamento. Outra opção que combina são os longos mais casuais, inclusive os estampados (fáceis de usar depois!).

Tecidos mais nobres, como a renda, caem muito bem nesse dia e ajudam a deixar o look mais especial, e os acessórios são bem importantes nessa ocasião. Um brinco bonito e um sapato mais arrumado fazem com que qualquer roupa neutra ganhe ares de festa, você não acha?

COLAÇÃO DE GRAU

Não acredito que a roupa seja algo importante na colação de grau. É que a gente acaba ficando de beca a maior parte do tempo, não é? Por isso acho que o que deve influenciar sua escolha do look a ser usado por baixo dela é o programa que você decidir fazer depois da colação. Vai jantar com a família ou vai a um bar com o pessoal da turma? Pense nisso, porque durante a cerimônia a roupa nem vai aparecer mesmo.

Ainda assim vale prestar atenção a duas dicas: não escolha nada com muito volume, senão você vai acabar parecendo maior com a beca por cima; e não use roupas muito quentes, porque o nervosismo e a beca farão você morrer de calor.

Mas sabe o que vai aparecer durante sua colação? Seus sapatos! São os únicos itens que as pessoas vão ver, por isso eu investiria em um modelo legal. Se seu curso for mais tradicional, como medicina ou direito, eu não fugiria do preto, cor da beca. Só que nem por isso o sapato tem de ser sem graça. Brilhos, tecidos diferentes e formatos fora do padrão podem ajudar a deixar seu visual um tiquinho fashionista! Só que é importante escolher um sapato que te dê segurança – imagine que horror cair em pleno palco?

Antes de escolher o penteado, lembre que você provavelmente vai usar o capelo, aquele chapéu simpático, então cabelos presos podem não funcionar. Se for prendê-los, teste antes com o chapéu, senão você corre o risco de ficar toda torta nas fotos ou de ficar a noite toda brigando com o penteado.

ENTREVISTA DE EMPREGO

Se a gente já tem dificuldades para escolher o que usar em um dia comum, imagine quando sabemos que estamos sendo avaliados? É preciso ter cuidado para escolher a roupa para uma entrevista de emprego, principalmente porque não existe fórmula pronta.

A roupa da entrevista deve refletir três coisas: o ambiente do emprego ao qual você está se candidatando, o cargo que pretende exercer e sua personalidade. Se você pretende entrar em um escritório de advocacia, por exemplo, sua roupa deve ser mais formal, condizente com aquele ambiente. Já se sua entrevista for para

uma marca de moda praia, o look pode ser mais descontraído, combinando com o lugar.
O que não quer dizer ir de qualquer jeito. Isso nunca! A chave para acertar o look da entrevista é passar a impressão de que você se preocupou em como se apresentar. Isso quer dizer cabelo e pele bem cuidados e arrumados (dentro do seu estilo, claro. Se você não usa maquiagem no seu dia a dia, por exemplo, não faz sentido usar na entrevista, a não ser que pretenda mudar para se adequar à vaga), roupas limpas e passadas, e atenção para botões desabotoados, decotes e detalhes que possam transmitir sensualidade.

Na dúvida, eu iria discreta e clássica: camisa branca com calça de alfaiataria e um sapato fechado, que pode ser um salto confortável, um oxford, uma sapatilha... Neutro, bonito e adequado a quase todos os ambientes.

A ROUPA DE ENTREVISTA DEVE REFLETIR TRÊS COISAS: O AMBIENTE DO EMPREGO AO QUAL VOCÊ ESTÁ SE CANDIDATANDO, O CARGO QUE PRETENDE EXERCER E SUA PERSONALIDADE.

FESTA DO ESCRITÓRIO

Eis uma ocasião que junta duas dificuldades em uma só data, não é? Se festas já deixam a gente em dúvida, a festa do escritório então... Quase toda empresa faz um eventinho para celebrar o fim de ano ou uma data comemorativa da empresa, e aí a gente precisa escolher um look que seja festivo, porém adequado para o trabalho. Difícil, hein?

Eu gosto de pensar que festa de escritório é uma ocasião de trabalho. Mais descontraído, mais divertido, mas ainda assim trabalho. Pensando nisso eu descarto tudo que não cairia bem em um ambiente corporativo: prefiro evitar decotes exagerados, barras curtas demais e transparências.

A roupa vai depender do tipo de festa. Se for um churrasco ou um almoço, a ideia é ir de roupas leves e informais; hora perfeita para usar estampas e cores, se for o seu estilo. Já um *happy hour* pode trazer algumas peças com mais cara de noite, com tecidos com brilho e com mais detalhes, por exemplo. Já um coquetel pede vestidos ou conjuntos mais formais, sempre prestando atenção para não cair em uma peça inadequada (ou seja: decotada, com recortes, curta ou com transparências).

Antes de ir para a festa vale lembrar que, apesar de ser uma celebração, você ainda vai ter de conviver com essas pessoas no escritório no dia seguinte, então melhor prestar atenção para não exagerar nos drinques e acabar fazendo algo que vá provocar arrependimento depois.

BELEZA

POR QUE NOS PREOCUPAMOS COM CUIDADOS DE BELEZA?

10

Essa pergunta apareceu várias vezes ao longo destes anos em que venho falando de beleza. Muitos gostam de desmerecer quem se importa com isso, taxando de fútil, outros simplesmente não se importam em se cuidar.
Eu acredito que se cuidar é um gesto de autoestima.

Nunca fui daquelas pessoas que se acham o máximo e se amam o tempo todo. Fui uma menina tímida e acho que o *bullying* que sofria por sempre ser gordinha contribuía muito para isso. Não me achava bonita, não queria aparecer (cheguei a me esconder na sala de aula para não ter de falar em público!). Isso começou a mudar na adolescência. E sabe o que também começou nessa época? Os tais cuidados de beleza.

Adorava comprar revistas e fazia os rituais que elas sugeriam. Comprei alguns dos produtos, comecei a cuidar da pele, a fazer a sobrancelha, a usar um pouquinho de maquiagem.

A cada nova tentativa eu gostava um pouco mais. É muito gostoso esse processo de ir se descobrindo de maneiras diferentes: "olha como eu fico de batom! Olha como minha expressão muda se eu tirar alguns fios da sobrancelha! Olha como meu cabelo fica macio quando uso esse produto!" E sabe, isso vicia. Comecei nessa época e não parei até hoje.

Parar alguns minutos do meu dia para prestar atenção em mim mesma é um gesto de carinho, de cuidado. Nosso corpo é suporte pra tudo. Quanto melhor cuidarmos de nós, melhor vamos nos sentir. E isso sempre transparece, não é? Quando nos sentimos bem com nós mesmos tudo parece mais fácil.

Quanto mais eu brincava de testar cores de batom, cortes de cabelo etc., mais eu entendia o que gosto mais em mim e como me sinto melhor. Aprendia como equilibrar proporções, como disfarçar as características das quais não gosto, como me sentir completamente diferente num dia em que acordo enjoada da cara de sempre.

Os cremes, a maquiagem, as idas ao salão não mudam nossa essência, mas nos ajudam a curtir um pouquinho mais quem nós somos, a nos ver de outras maneiras, a nos sentir satisfeitos. A maneira como nos enxergamos afeta todas as áreas da vida, então faz todo o sentido começar a cuidar um pouquinho mais de nós mesmos, não faz?

O QUE APRENDI COM MINHA MÃE

11

Eu sou chata desde criancinha, viu? Prova disso é o motivo pelo qual me lembro muito bem da cor favorita de batom da minha mãe quando eu era pequena: vermelho. E eu lembro porque odiava a cor e vivia implicando com ela. Também me lembro do amor dela por perfumes e de mexer na gaveta e encontrar o rouge, que era como ela chamava o blush (será que vamos chamar de outro jeito daqui uns anos? Ou pior, nossas filhas vão chamar de outro jeito e implicar com a gente?).

Apesar de todas essas lembranças sobre a maquiagem, o que mais aprendi com minha mãe no campo da beleza foi a cuidar bem da pele. Ela me levou a uma dermatologista bem cedo (nem sei quantos anos tinha, uns 11 ou 12) e lá aprendi os cuidados básicos. A lavar bem meu rosto antes de dormir e ao acordar, a usar sempre protetor solar e a cuidar da acne, que foi o que me incomodou a ponto de me levar ao consultório. Acredita que eu me lembro do nome do creme até hoje? Usava religiosamente e logo vi os resultados, o que fez com que eu me apaixonasse por esse mundo de cremes e cuidados (e dermatologistas – recomendo que todo mundo visite um!).

Muita gente reclama de cuidar da pele, tem preguiça dos cremes, mas para mim é parte da rotina, é como escovar os dentes. Estes são meus cuidados básicos com a pele:

O QUE MAIS APRENDI COM MINHA MÃE NO CAMPO DA BELEZA FOI A CUIDAR BEM DA PELE

LAVAR O ROSTO DE MANEIRA ADEQUADA

Meu dia não começa antes de lavar meu rosto, da mesma maneira que não consigo ir dormir sem fazer a mesma coisa. O sabonete precisa ser próprio para o rosto (eu gosto mais dos líquidos, acho mais prático) e o ideal é que ele seja compatível com o seu tipo de pele. Usar um sabonete para pele seca sendo que a sua é oleosa vai te trazer dor de cabeça (mentira, serão espinhas mesmo). Escolha bem! Melhor ainda, peça a indicação para um dermatologista.

HIDRATAR A PELE

Vejo que muita gente tem o hábito de usar hidratantes no corpo, mas não faz o mesmo com o rosto. Queria entender por quê. Mesmo quem tem pele oleosa deve usar um bom hidratante facial (claro, formulado para o tipo certo de pele), que vai ajudar a reequilibrar a pele e deixar tudo mais bonito. E pensando em hidratação não dá pra não falar: beber água faz muita diferença para a pele. A quantidade certa é quase sempre muito maior do que aquela a que estamos habituados, infelizmente. Por isso meu truque é usar garrafinhas para sempre ter água por perto e beber sempre um pouquinho.

USAR PROTETOR SOLAR

Sempre me queimei com facilidade e aprendi cedo que sol é coisa séria; não saio de casa sem protetor! Adoro que atualmente temos várias opções de texturas, e dá para encontrar o que incomoda menos (eu nem lembro que estou usando protetor depois que saí de casa). Outra coisa bacana são os protetores com cor. Quer coisa mais prática do que um produto que faz duas funções? Você protege a pele e ainda ganha um BB Cream ao mesmo tempo! É importante se lembrar de retocar o protetor ao longo do dia, e para isso adoro os protetores em pó, que parecem maquiagem mesmo.

A ROTINA DA NOITE

12

Meu marido sempre brinca quando estamos cansados demais: "comece logo seu processo pra gente poder dormir!". Ele já se acostumou com meus mil rituais antes de me deitar, a parte da minha rotina de beleza que considero a mais importante e também a mais gostosa.

BANHO

Durante o banho eu adoro esfoliar a pele. Não faço isso todos os dias, mas pelo menos três vezes por semana uso meus produtos favoritos para retirar as células mortas e deixar a pele bem macia. Para o corpo adoro os esfoliantes que usam açúcar na fórmula — à medida que vamos passando os grãos se derretem, o que torna o processo suave. Para o rosto gosto dos mais fininhos, que são mais delicados com essa região. Os meus moram no box para que eu sempre me lembre de usá-los.

HIDRATAÇÃO

Minha pele é sensível e, se não usar hidratantes, ela fica ressecada rapidinho! Então, antes de dormir aplico um hidratante no corpo todo. Uma coisa que adoro fazer é usar manteigas hidratantes, que costumam ser mais espessas (e por isso mesmo só consigo usar à noite), nos pés, cotovelos e joelhos. Acho curioso quem não passa hidratante nos pés, por sinal. A região sofre tanto (nos suporta o dia todo!) que acho essencial cuidar bem dela nessa hora.

CUTÍCULAS

Outra área que sofre com o ressecamento são as cutículas. Geralmente fico incomodada com os cremes e óleos para essa área (melecam tudo! Telefone, teclado, cabelo...), e por isso os passo só antes de dormir; assim cuido delas sem me incomodar.

ROSTO

É impressionante a quantidade de cremes que tenho destinados a uma região tão pequena do corpo. Mas é que eu sigo à risca as recomendações da minha dermatologista e alterno alguns produtos. Em alguns dias vou de antioxidante, nos outros de hidratante misturado com um clareador (já que sofro com o melasma, aquelas manchas chatas). Além disso, sempre uso um creme para a área dos olhos, bem hidratante e sem economias (mesmo morrendo de dó de gastar o creme caro). Ah, sim: não vou nem falar em tirar a maquiagem antes de tudo porque isso é essencial e você já deve saber disso!

Parece muita coisa, eu sei, mas juro que não demoro nem dez minutos com todos os cremes. Virou rotina e acho até esquisito ficar sem.

A ROTINA DA MANHÃ

A ROTINA DA MANHÃ

Preciso confessar, não sou uma pessoa que funciona de manhã. Se pudesse obedecer meu relógio biológico, dormiria tarde e também acordaria tarde, porém o mundo não funciona assim, não é mesmo? Sempre acordo levemente (ou não!) mal-humorada, mas isso não impede que eu siga uma pequena rotina de beleza todos os dias.

LIMPEZA

A primeira coisa que faço é lavar o rosto. Retiro todo o restinho dos cremes da noite e a oleosidade produzida durante o sono e, de quebra, ainda dou uma acordada. Nunca pulo esse passo.

ANTIOXIDANTE

Há alguns anos comecei a usar um antioxidante com vitamina C durante o dia e percebi uma melhora incrível na pele, principalmente nas manchas. Uso uma versão bem levinha, que não meleca nem incomoda, característica que acho fundamental para produtos que serão usados durante o dia.

13

CREMINHO PARA OS OLHOS

O mesmo creme que uso na região dos olhos à noite também faz parte da rotina matinal. O mais interessante de usar esse produto de dia é que o aspecto da maquiagem muda completamente quando a pele está bem hidratada; o corretivo fica muito mais natural, por exemplo.

PROTETOR SOLAR

Essa etapa todo mundo já esperava, certo? É meu principal cuidado durante o dia, mesmo quando não vou me expor diretamente ao sol. Tenho certeza de que boa parte da saúde da minha pele vem desse passo, então escolho produtos de qualidade e com alto fator de proteção.

TRUQUES RÁPIDOS DE MAQUIAGEM

14

- Corretivo + sobrancelha definida para tirar a cara de sono.
- Sombra marrom cintilante aplicada com pincel grandinho para um efeito "maquiada" sem perder tempo.
- Delineado rápido com lápis preto esfumadinho.
- Batom escuro + muita máscara de cílios para um look impactante.
- Sombra clarinha no canto interno para "abrir" o olhar.
- *Balm* (que é como um hidratante labial) com cor e blush cremoso para um look natural.

O SEGREDO DO MEU DELINEADO

15

Depois de testar milhares de produtos e tipos de maquiagem, finalmente cheguei àquela que virou minha assinatura: é muito raro eu estar sem um delineado nos olhos!

Sempre gostei de delineado, adoro o ar meio retrô que esse tipo de maquiagem carrega (como não se lembrar dos anos 60?), mas o motivo de ele ter virado minha assinatura é outro: ele ajuda a destacar meu olhar, que eu adoro, ao mesmo tempo em que dá a ilusão de olhos maiores. Acho meus olhos pequenos para o formato do meu rosto e o delineado ajuda a equilibrar isso.

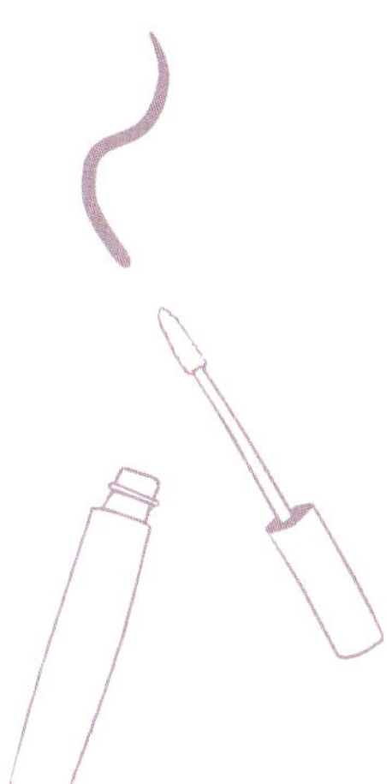

Muitas mulheres têm medo do delineador, afinal, se você errar, o resultado pode ficar bem esquisito! A única forma de conseguir um delineado perfeito é praticando. A cada tentativa o

traço vai ficando mais certinho, e o processo menos demorado. Eis algumas dicas de quem já tem o delineador como marca registrada para quem quer adotar a técnica:

TESTE VÁRIOS TIPOS DE DELINEADOR

Existem delineadores em gel, em caneta, os líquidos, com aplicadores em forma de pincel, outros mais firmes... O efeito final é o mesmo, porém a aplicação muda de acordo com o que você escolher, então pode ser que você se dê melhor com a canetinha do que com o em gel, por exemplo. Se você tem um e não consegue aplicar por nada, teste outro tipo até encontrar aquele que você ache mais fácil de passar.

TENHA SEMPRE COTONETES À MÃO

Eu nunca aplico delineador sem ter cotonetes por perto por um motivo simples: é bem fácil errar! E quando você erra é preciso corrigir rapidamente, senão o produto seca e aí vai ficar bem mais difícil.

NÃO USE O DELINEADOR COM PRESSA

Aplicar delineador com pressa é a pior coisa. Você vai ter medo de errar e, acredite: é nesse dia que o traço não vai sair.

CONSTRUINDO O TRAÇO

Gosto do meu delineado mais puxado; "gatinho", como as pessoas dizem. E a maneira mais fácil que encontrei para consegui-lo é primeiro fazendo o traço rente aos cílios para depois prolongá-lo. Na hora de prolongar, basta fechar os olhos e seguir com o traço para fora, para depois juntar a ponta externa à parte de baixo do olho.

ABRACE A IMPERFEIÇÃO

Os traços dos dois olhos nunca ficam perfeitamente iguais. Nunca! E tudo bem. Claro que a ideia é deixá-los parecidos, mas não é o fim do mundo se um ficar um pouquinho diferente do outro. O que importa é o efeito. Ninguém vai medir seu olho com régua!

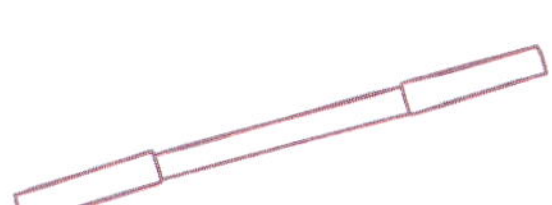

ROTINA CAPILAR

16

Só eu tenho a impressão de que todo mundo tem sua neura capilar? Não importam o formato, a textura nem a cor, ninguém está completamente satisfeito, não é verdade? Meu cabelo é igual ao da minha mãe: castanho-claro, muito liso. Minha primeira implicância capilar foi a falta de volume. Sabe cabelo murchinho? Pois é, é o meu.

A luta pelo volume me fez chegar até um mix de shampoo a seco e *babyliss* que me ajuda bastante nesse quesito.
O shampoo a seco é um achado pra quem tem cabelo oleoso (e geralmente quem tem cabelo fininho sofre com isso), pois ele permite espaçar as lavagens, e isso é benéfico para o cabelo. Outra vantagem? Ele traz um volumezinho pra raiz!

O *babyliss* é a forma que encontrei para ter volume no comprimento do cabelo. Fiquei craque em fazer cachos mais soltos, e o que acho mais importante ao usar o aparelho é sempre utilizar um bom protetor térmico, afinal o calor pode prejudicar os fios.

Vejo muita gente com medo de mexer nos cabelos: cortes diferentes e cores novas costumam assustar. Mas sabe que comigo nunca foi assim? Acho divertido mudar, e geralmente quando mudo muito o cabelo é porque passei por alguma mudança de vida grande e preciso externar isso de alguma forma. Já tive cabelos ruivos, loirinhos, muito loiros, castanhos, com mechas, pretos...

Os cuidados mudam de acordo com a cor: quando descoloro e estou com os fios mais claros preciso cuidar muito da hidratação. Uso shampoos hidratantes, máscaras capilares e *leave-ins* para cabelos ressecados. Outro truque que adoro e é supersimples é usar óleo de coco para nutrir o cabelo. Passo, espero duas horas e lavo normalmente. Costumo fazer isso pelo menos duas vezes por semana, e meu cabelo mudou muito desde que comecei esse ritual.

Já ao tingir o cuidado é para não deixar a cor desbotar antes da hora. Aí entram os shampoos e condicionadores para cabelo colorido, que ajudam a manter a cor bonita por mais tempo. Outro tratamento que gosto é o tal do banho de brilho (adoro esse nome!): uma hidratação com um pouquinho de tonalizante que ajuda a espaçar as sessões de retoque.

Faço o meu misturando uma boa máscara hidratante branca (adoro as que são super consistentes, a impressão é que hidratam mais!) com um pouco de tonalizante. Aplico no cabelo todo e deixo por cinco minutos antes do banho. Aí lavo normalmente, e o resultado é uma cor mais bonita e vibrante.

O QUE TEM NO MEU NÉCESSAIRE

O QUE TEM NO MEU NÉCESSAIRE

Muitos detalhes podem interferir no tamanho e no recheio do nécessaire. Se você passa o dia todo fora de casa, se precisa estar maquiada no trabalho, se tem algum produto sem o qual você não vive... Por aqui me considero econômica. Como trabalho em *home office*, meu nécessaire geralmente é pensado para saídas rápidas, não costumo ficar o dia todo fora de casa. Mas, mesmo rapidinho, sempre levo comigo:

COLÍRIO

Uso lentes de contato há anos por conta da miopia, então o que nunca falta no meu nécessaire não é um item de maquiagem, mas sim o colírio. Depois de algumas horas usando as lentes, os olhos costumam incomodar, por isso sempre tenho um frasco à mão para hidratar os olhos e aliviar o desconforto.

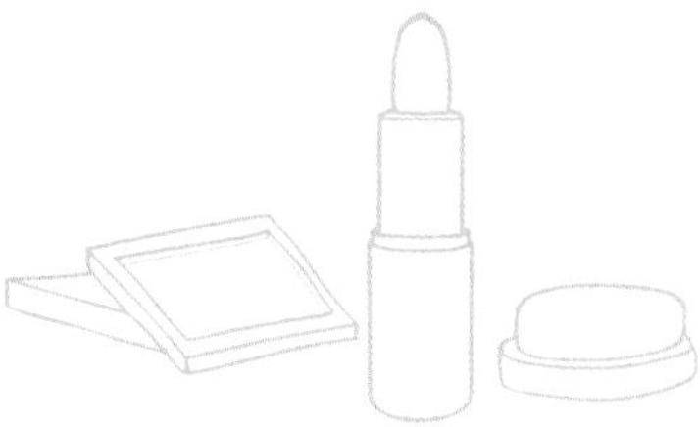

17

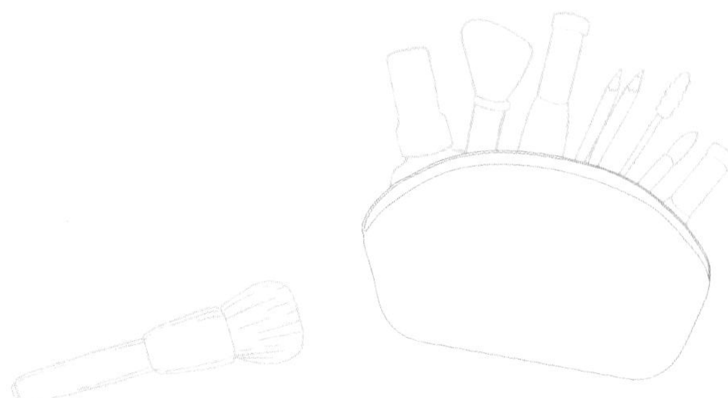

BATOM

Tenho o hábito de sempre colocar o batom que escolhi usar na bolsa, para retocar ao longo do dia. Uma pena é não ter o hábito contrário: de retirar os batons quando chego em casa. Minha bolsa sempre tem uns cinco tipos de batom (pelo menos posso mudar de ideia quando saio, olha só!).

PÓ

No verão minha pele tende a ficar um pouco oleosa, principalmente na zona T (região de testa, nariz e queixo), por isso sempre que vou passar um tempo fora de casa coloco um pó na bolsa. Para essa tarefa gosto muito dos pós com protetor solar na fórmula, assim tiro a oleosidade e retoco o protetor ao mesmo tempo.

CORRETIVO

Depois de algumas horas, o corretivo vai perdendo a intensidade, por isso sempre levo um na bolsa. Para retocar gosto dos corretivos iluminadores, eles costumam ser mais leves do que os que uso na maquiagem em casa, assim a camada fica menos espessa. O aspecto fica mais natural e afinal quem não quer uma pele iluminada?

BALM

Eu criei uma relação de dependência com os *balms* labiais, de forma que fico desesperada se saio de casa e vejo que me esqueci de colocar um na bolsa. Compro vários (vários!) e espalho pela casa, pelas bolsas, no carro. Não vivo sem!

HIDRATANTE

A mesma dependência que tenho do *balm* se repete com o hidratante. Detesto a sensação de mãos ressecadas, por isso faço coleção de miniembalagens de hidratante, levando sempre uma comigo.

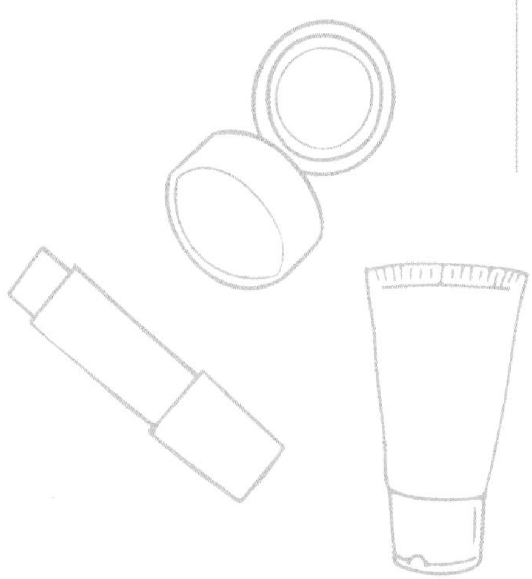

MINHA MAKE BÁSICA

18

Eu amo me maquiar. Desde que comprei uma penteadeira (sempre quis uma!) encaro o momento da make como uma espécie de ritual. É um momento só meu, em que me desligo do mundo e me divirto testando cores e texturas. Mesmo experimentando mil coisas diferentes, tenho uma make básica, aquela que faço quando estou com pressa e que acabou virando minha marca registrada.

PRIMEIRO PASSO: PREPARAR A PELE

Começo pela pele. Escolho uma base (mais leve para o dia, com mais cobertura para a noite) e a aplico no rosto todo usando uma esponja molhada ou pincel (gosto dos mais densos nessa hora). Depois da base, vou para o corretivo, e o motivo de sempre usá-lo após a base é que ela já cobre algumas imperfeições;

então acabo usando menos produto e tendo um resultado mais natural. Prefiro os corretivos líquidos, e uso os dedos ou uma esponja na aplicação. Para finalizar a pele, um pó leve, geralmente concentrado na zona T.

CONTORNO E BLUSH

Há alguns anos minhas bochechas ganhavam apenas um toque de blush, mas atualmente aumentei o número de produtos: começo pelo *bronzer*, sempre opaco, marcando as regiões onde gostaria de ter mais sombra (no meio da bochecha, no alto da testa e ao longo do maxilar). Em seguida, um toque de blush no centro e, para finalizar, o iluminador. Adoro iluminar o canto externo dos olhos, naquela área que parece um C, o que dá a impressão de que a gente dormiu bem na noite anterior.

DETALHE IMPORTANTE

Um passo muito importante é ressaltar as sobrancelhas. Preencho o desenho natural das minhas usando uma sombra marrom-acinzentada e um pincel chanfrado molhado. Em seguida, uso um gel para sobrancelhas para manter os fios no lugar.

DESTACANDO O OLHAR

Sempre começo com uma sombra cremosa cor da pele, que vai neutralizar a pálpebra e ajudar a fixar o que colocar por cima. Gosto de usar uma sombra marrom-clara para marcar o côncavo e uma iluminadora no cantinho interno. O toque final é um delineado feito com lápis preto macio (importante ser macio!), que esfumo usando um pincel, e puxo no formato de um delineado "gatinho". Tenho mania de aplicar duas máscaras de cílios, intercalando uma com efeito volumoso com outra que promete alongar. Nem sei quantas camadas aplico!

FINALIZANDO

Vario bastante as cores do batom. Adoro os coloridos, mas também tenho carinho pelos neutros, e no dia a dia geralmente escolho um rosa queimado, um daqueles que parecem ter a cor da boca natural, só que mais intensa. E pronto!

CIRURGIA PLÁSTICA

CIRURGIA PLÁSTICA

Acho engraçado como esse assunto desperta tanta curiosidade. Quando uma celebridade faz, vira capa de revista, assunto em rodas de fofoca (mas aí tudo é assunto), quando é uma conhecida, a mesma coisa. Eu acho curioso, porque na minha visão cirurgia plástica é algo muito pessoal, por isso não entendo o fascínio que as pessoas têm pela escolha do outro.

Minha lógica com a plástica é um pouco parecida com a da tatuagem: é algo grande, permanente, que envolve um processo delicado e que vai mexer com a própria imagem. Além de tudo, também inclui uma cirurgia e todos os seus riscos. Portanto, é algo que deve ser muito pensado e estudado.
Não julgo os motivos que alguém possa ter para se decidir por uma plástica, afinal cada um sabe o que incomoda ao se olhar no espelho. Pode ser o nariz que sempre foi motivo de piada, a gordurinha que nunca vai embora, as bolsas nos olhos que passaram a aparecer demais... Seja qual for, é questão extremamente pessoal e cabe a cada um pesar se aquele incômodo é maior do que o risco que uma cirurgia plástica traz.

Acho importante que antes de decidir a pessoa tenha expectativas realistas. Nem sempre o nariz de seus sonhos é possível, por exemplo. Também é preciso entender que não é porque você acha lindo em alguém que vai funcionar em você: é preciso pensar em proporções e entender a técnica para

19

saber o que pode ser feito. Recomendo que se converse bastante com o cirurgião antes de tomar uma decisão.

Outro ponto a se considerar é que o resultado da plástica não é algo exato. Vai depender do corpo, dos cuidados pré- e pós-operatórios e, claro, do cirurgião escolhido. Vejo muitas pessoas ignorando os cuidados recomendados pelos médicos, e o resultado costuma ser desastroso. Ninguém quer fazer uma plástica e ganhar de brinde uma cicatriz feia, não é? O pós-operatório costuma ser chato, mas é importante; deve-se reservar um tempo para repouso e cuidados.

Se você tem algum incômodo que possa ser resolvido com cirurgia e sente vontade de fazê-la, sugiro que, antes de se decidir, converse com pessoas que fizeram a mesma cirurgia e também com médicos diferentes. É importante ter vários pontos de vista antes de tomar uma grande decisão, e mexer no corpo é algo enorme, não é?

Quando bem pensada e indicada, a cirurgia plástica pode sim mudar a vida de alguém, afinal, quando estamos bem com a nossa imagem ficamos mais confiantes, e isso muda nossa postura. A relação com o corpo é diretamente relacionada com a relação com o mundo, e se existe algo que pode nos ajudar a ter mais autoconfiança, por que não aproveitar?

PRATICIDADE

SOBRE SAÚDE E BEM-ESTAR

20

Quando marquei minha primeira viagem aos Estados Unidos, achei que desembarcaria no aeroporto e me sentiria um palito. Esperava encontrar aquele clichê americano gorducho que só come *fast-food* e anda de carro para todos os lados, mas eu fui pra Nova York. E o resultado é que voltei de lá me sentindo a pessoa mais *trash* do mundo! Todo mundo era malhado, forte, e tinha a pele maravilhosa. Eu queria provar as panquecas no café da manhã e meu amigo que morava na cidade comia meia toranja e peito de peru antes de ir para a academia. Exageros à parte, foi depois dessa viagem que comecei a rever alguns hábitos.

Uma coisa que sempre foi difícil para mim é ter uma boa noite de sono. Costumo ter insônia e sofro para acordar, por isso tomo alguns cuidados para tentar dormir bem: evito alimentos pesados à noite, tento cortar bebidas com cafeína depois das três da tarde (nem sei qual é a recomendação, mas se eu bebo depois desse horário tenho dificuldades para pegar no sono!). Ainda preciso aprender a largar o celular antes de me deitar... Mas, poxa, um passo de cada vez.

Minha alimentação hoje é supersaudável se comparada com a da Lu de cinco anos atrás. Adoro fast-food e uma comidinha *trash*, no entanto agora evito ao máximo! No dia a dia procuro comer comida de verdade, ou seja: frutas, verduras, legumes, carnes, ovos, castanhas... Sabe comida que estraga rápido? Comida de verdade. Limito os processados e quando opto por comê-los procuro sempre os que têm menos aditivos. Virei a chata do rótulo. Tenho mania de ler os rótulos de absolutamente tudo que compro. Mas ainda me permito comer o hambúrguer que tanto amo ou uma sobremesa gostosa. Comida para mim é prazer, e adoro provar coisas novas, entretanto presto atenção à frequência e procuro manter o equilíbrio.

E falando de saúde, a gente precisa falar de quê? De exercícios. Nossa, como eu detesto fazer exercícios! Nunca gostei, na verdade, mas sei que é importante e adoro perceber meu corpo mais forte e resistente. Tem coisa mais legal do que conseguir subir um monte de escadas sem ficar ofegante? Ou carregar todas as malas com facilidade no aeroporto? A solução que encontrei para me exercitar com regularidade foi contratar um *personal trainer*. Odeio deixar as pessoas na mão, então é difícil desmarcar os horários; assim acabo me exercitando com regularidade.

Acredito que a chave para uma vida mais saudável seja prestar atenção às escolhas, lembrando-se das consequências e tendo um objetivo claro. A parte mais difícil é mudar hábitos, mas depois que se consegue tudo vai ficando mais simples e o corpo agradece.

ALGO QUE SÓ APRENDI VIAJANDO MUITO

ALGO QUE SÓ APRENDI VIAJANDO MUITO

O sonho da minha vida sempre foi viajar. Todos os anos eu passava as férias com a família em alguma cidade litorânea, só que nunca fui o tipo de pessoa que ama praia. Eu queria ir pra longe, ver de perto o que via nos filmes e seriados. Passei a adolescência sonhando e lendo os guias *teen* que sempre falavam de viagens para a Disney, porém só tive a oportunidade de sair do Brasil aos 22 anos.

Na minha primeira viagem internacional, não fui tão longe assim, mas nunca vou esquecer a sensação de escutar pela primeira vez uma língua diferente, de passar perrengue trocando as palavras em espanhol e de achar incrível ir ao supermercado e descobrir os nomes diferentes das mesmas marcas que tínhamos no Brasil. Depois da ida à Argentina, o tal sonho de viajar só aumentou.

Aos poucos fui conhecendo parte do mundo, viajando sempre que o trabalho me apresentava a oportunidade (e tive sorte, foram muitas!) e quando me permitia um período de quase férias (quase, já que quem trabalha pra si mesmo raramente consegue ficar 100% de férias).

Tudo que eu fazia com meu dinheiro era viajar, e se você quiser me ver explodindo de felicidade é só me deixar planejar uma viagem. Procuro mapas, leio todos os comentários sobre o hotel, descubro os restaurantes mais gostosos, assisto a vídeos... Planejar é quase como viajar antecipadamente. Adoro!

21

Mas o que me faz gostar mesmo de viajar é que nunca volto igual de uma viagem. Ver de perto o que costuma estar longe traz uma clareza impressionante, passamos a entender o que importa de verdade em nossa vida.

Certa vez, depois de passar quase um mês fora de casa, com apenas duas malas, voltei querendo me desfazer de metade das minhas coisas. Se em um mês não senti falta daquilo é porque não era importante de verdade, certo? Virei uma pessoa mais desapegada desde que comecei a viajar.

Trabalhando praticamente vinte e quatro horas por dia (afinal, trabalho na internet!), o tempo no avião acaba sendo muito importante pra mim. É praticamente o único momento em que estou desconectada, e por isso mesmo consigo relaxar e realmente pensar a respeito do que estou vivendo naquele momento. Já tive muitas reflexões importantes durante uma viagem de avião.

Viajar constantemente, e muitas vezes sozinha, também me fez entender o que mais valorizo na vida. É a saudade que serve de medida, sabe? Quem é importante de verdade faz falta, e se não faz, talvez seja hora de repensar aquela relação. Foi depois de entender isso e de mudar minha vida que finalmente passei a concordar com este clichê: viajar é maravilhoso, mas bom mesmo é voltar pra casa. Agora é mesmo.

A MALA DE MÃO PERFEITA

22

Não costumo levar mala de mão em voos curtos, mas quando o destino é distante, essa bagagem faz toda a diferença. É ela que vai te ajudar a manter o conforto ao longo do trajeto, sem contar que certos objetos só devem ser transportados nela. Depois de muito viajar, acabei chegando à mala de mão perfeita, aquela que leva o necessário sem ultrapassar o limite da companhia aérea (difícil!), e a divido aqui com você.

ESCOLHA BEM A MALA

Eu nunca viajo com mala de mão tipo sacola, que eu tenho que carregar. As minhas sempre são de rodinha, de preferência quatro, que a gente consegue empurrar sem puxar. Parece frescura, mas as conexões costumam ser longas e carregar uma mala de cinco quilos pelos corredores dos aeroportos é muito cansativo.

NOTEBOOK E ELETRÔNICOS

As companhias aéreas recomendam que eletrônicos sejam transportados na mala de mão. Isso inclui notebooks, câmeras e *tablets*.

BOLSINHA COM FIOS DO NOTEBOOK E MOUSE

Não dá para esquecer os carregadores, certo? Separo todos em uma bolsinha, assim ficam organizados e sei que quando precisar de um fio ele estará lá.

FONE DE OUVIDO

Uso fones de ouvido durante todo o voo: quando não estou assistindo a algo, seleciono uma *playlist* relaxante no celular e durmo enquanto a escuto, assim não acordo com qualquer barulho no avião.

MÁSCARA PARA DORMIR

O avião nunca é totalmente escuro e, como tenho sono leve, sempre levo uma máscara de dormir; assim me isolo e consigo descansar ao longo do voo.

CARREGADOR EXTRA PARA O CELULAR

Não vivo sem um *power bank*, e em viagens ele é ainda mais importante, porque tomada é artigo de luxo em muitos aeroportos.

TROCA DE ROUPAS

Em voos longos, o extravio de malas é algo comum (ainda que assustador!), por isso sempre levo uma troca de roupas na mala de mão. Se por acaso minha mala não chegar, consigo pelo menos tomar um banho e me trocar no hotel.

NÉCESSAIRE DE BELEZA

Eu uso um nécessaire transparente em voos internacionais, exigência de segurança para quem vai levar líquidos na mala de mão. Levo versões em miniatura (de até 100 ml) de tudo que uso diariamente: produto para lente de contato, colírio, gel bactericida, pasta de dente, hidratante e alguns itens de make como batom, máscara e corretivo.

FARMACINHA

É sempre bom ter à mão os remédios que estamos acostumados a usar. Ninguém quer sentir desconforto em avião, não é? Pelo menos não mais que o habitual!

DOCUMENTOS

Passaporte, reservas de hotel, confirmação de reserva da volta e o que mais fizer parte da viagem (tíquetes comprados on-line, por exemplo). É importante ter as reservas à mão, já que muitas vezes a alfândega as pede para autorizar sua entrada no país de destino.

VENCENDO O MEDO DE AVIÃO

23

É engraçado pensar que já tive medo de avião. Atualmente viajar é algo automático pra mim. Tenho minhas manias, e tudo fica bem quando consigo planejar a logística. Mas nem sempre foi assim.

Meu medo era do nível mais ridículo de todos. Tinha insônia nos dias que antecediam a viagem, superstição para escolher o assento e chegava a derramar lágrimas na decolagem. Hoje em dia costumo dormir antes mesmo de o avião começar a se mover e só fico meio incomodada se por acaso acontecerem turbulências mais pesadas. Esse medo eu ainda não superei.

Eu lembro bem em que ocasião comecei a encarar as viagens de forma menos tensa. Quando fui para os Estados Unidos pela primeira vez, me empolguei e acabei conhecendo várias cidades (e até o Canadá!), totalizando mais de catorze trechos voados em menos de trinta dias, a maioria sozinha.

Como não queria ter faniquito em voo gringo, sempre comprava um livro no aeroporto para ler no avião. A ideia era encontrar o livro mais leve possível; desses romances que viram comédia romântica, sabe? Abria o livro assim que chegava ao assento e só parava de ler quando já estava na cidade de destino. Como essas histórias costumam prender muito a gente (adoro!), eu ficava superdistraída e mal lembrava que estava num avião! Recusava-me a sentar na janela e nunca olhava para fora; a ideia era abstrair. Funcionou!

Depois de um tempo fazendo isso (já tinha uma coleção de livros em casa!), realmente comecei a me distrair sem precisar de um livro. Eu me acostumei com os procedimentos, com o movimento que a aeronave faz (não preciso entrar em pânico quando balança!), e aprendi como posso ter mais conforto ao viajar.

Para voos curtos, minha única preocupação é conseguir um assento próximo à porta dianteira e tentar não despachar bagagem. É tanta fila e espera em aeroportos que se eu puder evitar um pouquinho que seja já fico feliz. Outra coisa que ajuda muito é escolher a roupa certa. Não dá para ficar bem em um avião usando um baita salto e roupa justa! Além disso, é melhor usar um casaco que seja fácil de tirar. É impossível prever o estado do ar-condicionado a bordo nem nos terminais.

Outros itens ótimos para levar: fones de ouvido e um daqueles pequenos travesseiros para o pescoço, principalmente se o voo ultrapassar três horas. Na verdade, tudo que ajudar a manter o conforto e a relaxar durante o trajeto vale a pena.

No fim das contas, acho que a gente consegue se acostumar com tudo nesta vida. Ainda que o medo apareça, não deixo a oportunidade de uma viagem passar por causa disso; vou com medo mesmo e, no fim das contas, fico duplamente satisfeita: por tê-lo vencido e por estar no meu destino!

VIAJANDO COM O(A) NAMORADO(A)

VIAJANDO COM O(A) NAMORADO(A)

Considero viagens com o(a) namorado(a), principalmente as que são feitas somente a dois, sem amigos por perto, um verdadeiro *test drive* da relação. No caso de viagem longa, então, pode apostar: se o namoro sobreviver a ela, sobreviverá a quase tudo.

Por mais que a gente esteja apaixonado, a convivência diária é cruel. Em viagens temos momentos de bagunça, sono, cansaço, fome e, dependendo do cenário, até de aperto (quem nunca se deu mal em uma viagem?), e passar por situações estressantes ao lado do(a) namorado(a) é uma verdadeira prova de fogo!

Antes de embarcar, algumas dicas de alguém que, com seis meses de relacionamento, sobreviveu a uma viagem de 22 dias com o namorado (e ainda casou com ele!):

ESCOLHA BEM O DESTINO

Todo mundo tem alguns destinos como objetivo, e a ideia é encontrar um que seja comum aos dois lados. Todo mundo fica feliz ao conhecer um destino novo, e o planejamento também faz parte da viagem. Escolham juntos o hotel, os passeios... Sei que sempre tem uma pessoa que gosta mais de planejar do que a outra, mas é muito gostoso ir viajando junto antes do dia oficial do embarque.

CONVERSE SOBRE DINHEIRO

Dinheiro é sempre motivo de discórdia em viagens em grupo, e se o namoro é recente, as chances de vocês ainda não entenderem a situação financeira um do outro é

24

grande. Sabe aquele ditado "o combinado não sai caro"? Pois é. Estabeleçam um orçamento para tudo: hotel, passeios, comida, transporte, assim ninguém é pego de surpresa durante roteiro.

PASSE UM TEMPO SOZINHO

Tá, eu sei que não parece fazer sentido, mas vai por mim: fazer alguns programas separados pode ajudar a tornar a viagem mais gostosa. Não estou falando pra ir fazer um passeio de um dia sem o outro, mas de marcar uma massagem no resort, passar uma hora naquela loja que você queria conhecer... É bom ter um momento separado, afinal vocês nunca conviveram tão intensamente.

SAIBA RIR DAS ADVERSIDADES

Já ficamos desabrigados às dez da noite, tivemos que pagar uma taxa inesperada no *checkout*, perdemos o trem, não encontramos restaurante aberto na hora que fomos jantar... Quem não tem uma história de aperto em viagens? Algo sempre vai dar errado, e nessa hora é importante manter o bom humor e não transformar o episódio em briga. Não se irrite, pelo menos você está com a pessoa que você ama!

VIAJANDO COM O BEBÊ

25

Desde que estava grávida, sabia que viajaria muito com minha filha, e apesar de imaginar as dificuldades que poderia enfrentar ao viajar com um bebê, isso nunca foi um impedimento para nosso embarque. Logo antes da nossa primeira viagem, meu maior medo era incomodar os outros passageiros, afinal bebês são imprevisíveis; ela poderia chorar e eu poderia ter dificuldade em acalmá-la. Por sorte os primeiros voos foram tranquilos, e isso acabou me deixando mais segura. Sorte porque o dia do voo choroso chegou e se repetiu em outras ocasiões, infelizmente. Mas quando aconteceu eu já entendia que, por mais que a gente se prepare, não dá pra prever tudo.

Vejo muitas discussões sobre crianças no avião, e minha postura como mãe é sempre estar preparada e tentar ao máximo proporcionar um voo confortável para todo mundo. Caso aconteça alguma eventualidade, tento relaxar e não ficar nervosa. Se o bebê chorar, pode-se tentar distraí-lo com um brinquedo, um lanchinho, qualquer coisa, e se não der certo, paciência. Bebês são bebês, e eu encaro firme os olhares de reprovação dos possíveis incomodados, afinal pagamos passagem como todo mundo e se um bebê no avião incomodar tanto assim, a pessoa sempre pode escolher outro meio de transporte.

Eu nunca me incomodei com crianças nervosas em avião (nervosa é uma coisa, mal-educada é outra, tá?). Na verdade sempre me coloquei no lugar dos pais e ofereço ajuda sempre que julgo poder contribuir em alguma coisa, seja para guardar a mala no bagageiro, seja para desmontar o carrinho de um pai que está sozinho com o bebê e toda a tralha. Empatia é importante em todas as fases da vida, só que nessa faz toda a diferença, e sou muito grata quando me auxiliam em momentos assim.

Viajar faz parte do meu trabalho e, sinceramente, adoro a ideia de ter minha filha comigo mundo afora. A primeira viagem dela foi aos 3 meses de vida, o primeiro passaporte, aos 4, e perdi as contas de quantos voos fizemos em seu primeiro ano. Viajar com um bebê exige muito planejamento e um pouco de paciência, mas é sempre muito prazeroso. Eis o que aprendi depois de muitos voos com minha pequena:

PLANEJAMENTO É TUDO

Tudo o que você não quer num avião é um bebê irritado, seja por estar com fome ou com sono, seja por estar entediado. Bebês irritados choram por qualquer coisa e, depois de bravos, são difíceis de acalmar, por isso planejo cada passo até o embarque. Quando ela era novinha, o horário das mamadas determinava a hora de sair para o aeroporto (saía assim que ela mamava, para o tempo entre deslocamento e embarque ser exatamente o intervalo entre as mamadas), e agora que está maiorzinha, tento sempre mantê-la de bom humor (brinco no saguão do aeroporto, sempre dou lanchinhos e nunca (atenção!), nunca deixo passar o horário da soneca).

O EMBARQUE

Se seu bebê ficar bem no carrinho, deixe para despachar o seu na porta da aeronave, assim você ganha um tempo a mais sem ter de carregá-lo. Aproveite o embarque preferencial, que é lei no Brasil (e fique atenta porque isso não acontece em outros países), e entre logo para conseguir acomodar tudo com calma (porque é claro que você vai levar mais bagagem do que de costume!). Eu gosto de deixar a bolsa com as coisas que vou usar no voo no meu pé, embaixo da poltrona da frente, assim tudo do bebê fica à mão: comidinha, brinquedos, água...

AS TROCAS

Fralda que passa do prazo de troca é sinal de quê? Vazamento! E provavelmente no seu colo, não é? Imagine a delícia que seria chegar ao destino assim! Então nunca deixo passar a oportunidade de uma troca. Troco antes de embarcar, troco quando chego ao destino; melhor trocar antes da hora do que deixar passar e sofrer as consequências (mas em todo caso sempre levo roupas extras pra ela e pra mim!).

O CHORO

Bebês choram, e muitas vezes os pais não conseguem fazê-los parar. Quanto antes você aceitar isso, melhor. Eventualmente seu bebê vai chorar e vai incomodar quem estiver por perto, mas acredite: todo mundo que já teve filhos vai te entender. Quem ainda não teve vai se lembrar disso quando chegar a hora dele, então relaxe. Tente sempre acalmar o bebê, levar brinquedos, distrações, no entanto se nada disso funcionar, não se culpe. E se alguém olhar feio, você pode oferecer o bebê pra ver se ele consegue acalmá-lo. Aff!

MALA DE VIAGEM

26

Uma das coisas mais difíceis no processo de preparação para uma viagem é fazer a mala. Não se trata apenas de uma tarefa chata (alguém realmente curte dobrar e organizar roupas? Pode me ensinar?), escolher o que levar é crucial. Além de haver um limite, se você levar peças erradas pode acabar sofrendo com a temperatura e não ter pra onde correr. Eu já congelei indo de loja em loja atrás de um bom casaco de inverno em março, época em que as marcas, no hemisfério norte, já estão com a coleção de primavera nas araras.

Com o tempo (os perrengues ensinam muito!) acabei criando algumas manias na hora de preparar minha mala, e devo dizer que, além de conseguir viajar relativamente leve (considerando minha atividade profissional), também costumo estar preparada para as variações de tempo e programas "surpresa" que possam surgir.

Antes de começar a fazer a mala, checo a previsão do tempo do destino e calculo a quantidade de looks que deverei levar. Para uma viagem de sete dias, em que sei que vou sair pra jantar em algumas noites, por exemplo, calculo sete looks para o dia e uns quatro para a noite.

ANTES DE COMEÇAR A FAZER A MALA, CHECO A PREVISÃO DO TEMPO DO DESTINO E CALCULO A QUANTIDADE DE LOOKS QUE DEVEREI LEVAR.

instax
SETTER
Travel journal
HUDSON RIVER
CENTRAL PARK
UNCHECKED BAGGAGE

COMECE COM CALÇAS, SHORTS E SAIAS

Para não levar coisa demais, costumo começar com as partes de baixo. Escolho calças, shorts e saias, e a quantidade de cada item vai depender da temperatura do destino. Uma regra que tenho é sempre usar cada parte de baixo mais de uma vez, o ideal são três, assim a peça "paga" seu espaço na mala.

HORA DE MONTAR OS LOOKS!

Com as partes de baixo escolhidas, vou para as blusas e camisas, montando combinações com as partes de baixo que já selecionei. Eu sempre fotografo essas combinações com o meu telefone, assim quando estiver na viagem posso escolher a roupa só olhando no celular (e não perco tempo naquela dúvida do que usar). Depois de escolher três partes de cima que combinam com uma de baixo, dobro tudo e separo, partindo em seguida para a próxima parte de baixo.

SELECIONE OS ACESSÓRIOS

Com os looks montados, é hora de escolher os complementos. Usando as fotos do celular escolho sapatos para cada look, e aqui a ideia é escolher sapatos que combinem com o máximo de produções possíveis, já que os calçados são os que mais ocupam espaço na mala. Uma dica pra economizar espaço é viajar usando o sapato mais volumoso (desde que ele seja confortável, claro!). Também seleciono as bolsas (usando a mesma ideia de menos é mais!) e os acessórios (óculos, *bijoux*, cintos).

PREVEJA O IMPREVISÍVEL

Agora vem o truque que aprendi depois de muitas malas: sempre levo algumas peças extras para imprevistos: duas blusas básicas, que combinem com tudo, um vestido neutro (sabe o tal do pretinho básico?), um blazer preto (que é elegância automática) e uma jaqueta jeans (vai que chove um dia?). Essas peças podem mudar de acordo com a estação, mas são essenciais caso a previsão do tempo esteja errada, apareça um programa mais chique ou seu voo seja cancelado na volta. Imprevistos acontecem!

Por fim, pijama, lingerie e meias (sempre num saquinho de tecido, vai que resolvem inspecionar sua mala), e o nécessaire com produtos de beleza. Com tudo separado, é só colocar na mala, trancar e ir para o aeroporto.

SEMPRE FOTOGRAFO ESSAS COMBINAÇÕES COM O MEU TELEFONE, ASSIM QUANDO ESTIVER NA VIAGEM POSSO ESCOLHER A ROUPA SÓ OLHANDO NO CELULAR

CINCO LUGARES EM BELO HORIZONTE

27

Minha cidade não é exatamente um ponto turístico, mas tem seu charme. Adoro morar aqui e ter no mesmo lugar o clima de uma cidade de interior e as facilidades de uma capital. Belo Horizonte é enorme, porém como a gente diz, "é um ovo", ou seja, tem seus momentos de cidadezinha. Estes são alguns dos meus lugares favoritos:

CHÁ COMIGO

Já pensou que uma casa de chá pode ser descolada? Pois é, a Chá Comigo é assim. Uma casinha fofa no meio de um dos bairros mais tradicionais da cidade, que serve bolos, lanches e, claro, chá. O serviço é diferente do tradicional: você faz o pedido na cozinha e eles levam até você. A casa tem wi-fi liberado e a sensação é que dá pra passar horas por ali, inclusive trabalhando.

Rua Leopoldina, 634, Santo Antônio

GLOUTON

Não sei o que gosto mais no Glouton: a comida deliciosa, ou a simpatia de Leonardo Paixão, chef muitas vezes considerado o melhor da cidade. O restaurante é considerado um dos melhores de Belo Horizonte e tem um ambiente leve, com atendimento simpático e cardápio que muda de acordo com a estação. Nos dias bonitos, gosto de me sentar no pátio, o ambiente mais charmoso do restaurante.

Rua Bárbara Heliodora, 59, Lourdes

INHOTIM

Inhotim tecnicamente não é em Belo Horizonte, mas não dá pra não falar dele. O museu a céu aberto fica a quarenta minutos da cidade e impressiona a todos que o visitam, seja por conta do paisagismo, seja por causa da quantidade de obras expostas. Essa mistura de centro de arte com paisagismo absurdo resulta em um programa delicioso e diferente: no Inhotim você é convidado a caminhar pelos jardins (ou pegar uma carona nos carrinhos elétricos pra visitar as obras distantes) e ir descobrindo as galerias e obras espalhadas por lá. É impossível conhecer tudo em um só dia, então vale passar um fim de semana por lá para poder explorar os jardins com calma. Vá com roupas confortáveis e sem pressa e leve roupa de banho porque algumas obras têm piscina e você pode dar um mergulho!

Avenida Inhotim, Brumadinho

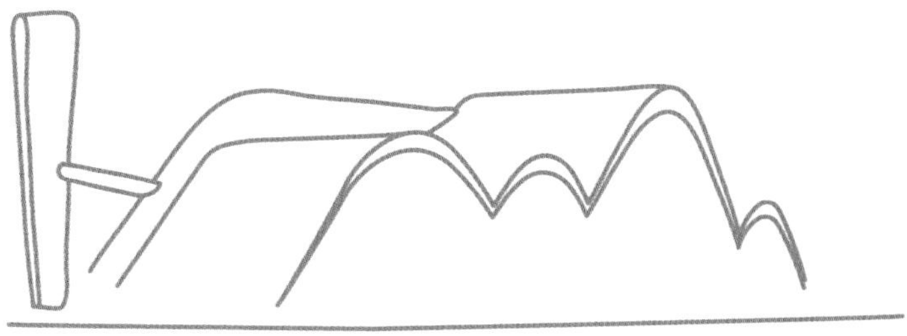

MERCADO CENTRAL

O mercado, que reúne comida típica, frutas e verduras, artesanato e mais um mix de lojas diversas, é um dos principais pontos turísticos de Belo Horizonte. São mais de quatrocentas lojas, e o passeio é muito interessante mesmo se você não quiser gastar. Quem gosta de comida mineira pode aproveitar os vários botecos do mercado, alguns deles considerados os melhores da cidade (os com mais fila, sempre!), e também levar pra casa o doce de leite e queijo canastra, típicos de Minas Gerais (vale a pena!).

Avenida Augusto de Lima, 744, Centro

RUA SAPUCAÍ

A rua Sapucaí vem se tornando um dos lugares mais interessantes da cidade. Com uma linda vista da praça da estação, a rua reúne restaurantes, bares, galeria de arte e cafés, todos com ar moderno e descolado. Foi com a abertura da Salumeria, um restaurante com clima de boteco delicioso, que a rua passou a ser retomada. Vale a visita na hora do almoço ou do jantar, com direito a um belo cenário de fundo para sua foto no Instagram.

Rua Sapucaí, Floresta

CINCO LUGARES EM SÃO PAULO

28

Certa vez me surpreendi enquanto caminhava por São Paulo: conhecia os caminhos como se morasse lá. Como não conhecer? Vou a São Paulo pelo menos uma vez por mês há anos, nem considero mais uma viagem (ainda bem que é pertinho de Belo Horizonte!). Adoro a cidade e já considerei me mudar pra lá, mas enquanto esse dia não chega, eis alguns dos meus programas favoritos:

LIBERDADE

Quando estava me formando na faculdade conheci melhor a região da Liberdade, o reduto japonês de São Paulo. Passei dias entrando em cada lojinha e me apaixonando pela cultura japonesa. As placas têm os caracteres japoneses, os mercados vendem uma seleção de produtos asiáticos e, aos fins de semana, uma feirinha típica toma conta da região. Vou sempre na hora do almoço, e depois de provar algum prato diferente tomo um Melona, um picolé de melão que mais parece um sorvete, maravilhoso, e procuro os deliciosos biscoitinhos de coala.

Entorno da Rua Galvão Bueno, Liberdade

Z DELI

Sabe quando tudo que você pede em um restaurante chega perfeito? Costuma ser assim no Z Deli, uma hamburgueria imperdível. Hambúrguer é um dos meus pratos favoritos, então sempre procuro as mais recomendadas de cada cidade que visito. No Z Deli a experiência começa bem já na entrada: a batata comum vem com uma maionese deliciosa, e existe também a versão com *pastrami* e *sour cream* (que é praticamente uma refeição completa!). Meu hambúrguer favorito de lá é o Manhattan, com cheddar inglês, tomate, maionese de cebola e picles. Hambúrguer suculento, tomate madurinho, aquele cheddar maravilhoso e a maionese incrível. Vá com paciência: em qualquer horário e em todas as unidades da casa você provavelmente enfrentará fila para ser atendido. Vale a pena esperar.

Rua Francisco Leitão, 16, Pinheiros

OSCAR FREIRE

Eu me senti uma interiorana na primeira vez que visitei a Oscar Freire. A rua é diferente de tudo que já conheci no Brasil e é difícil explicar como consegue, já que basicamente é uma rua! Mas o conjunto de lojas incríveis (inclusive as grandes grifes gringas) com bons restaurantes e arquitetura bem pensada resulta em um lugar supergostoso para passear e, claro, fazer compras. Algumas lojas criam conceitos únicos para suas unidades da Oscar Freire, como a Galeria Melissa, que de tempos em tempos tem a fachada renovada e é sempre uma atração.

Rua Oscar Freire, Jardins

SKYE

É impossível não se encantar com o Skye. O restaurante fica no topo de um dos prédios mais icônicos da cidade, o Hotel Unique, projetado por Ruy Ohtake.
A fachada é impressionante, e a cobertura não fica atrás. Depois de passar por um corredor iluminado, você entra no restaurante, que tem uma vista linda e uma piscina vermelha para complementar.
Os pratos são variados, mas todos que já experimentei são maravilhosos: adoro a salada caprese e a panelinha de siri. O restaurante também tem muitas opções de comida japonesa e uma carta de drinques bem extensa. Lugar para uma noite especial.

Topo do Hotel Unique,
Avenida Brigadeiro Luís Antônio, 4700,
Jardim Paulista

BACIO DI LATTE

Descobri a Bacio di Latte por acaso, procurando um lugar para comer a sobremesa após um almoço na região da Oscar Freire. Vi muitas recomendações positivas em um aplicativo e fui conferir. Virou minha sorveteria favorita no Brasil! Toda vez que ia a São Paulo fazia questão de visitar, e depois de algum tempo eles expandiram e agora dá pra encontrar em outras cidades. Minha unidade favorita fica em São Paulo, na Bela Cintra, e é meu lugar preferido para um sorvete sempre que estou na região.

Rua Bela Cintra, 1829,
Consolação

CINCO LUGARES NO RIO DE JANEIRO

29

Eu não tenho muito a ver com o clima do Rio. Não sou muito fã de praia, sou da turma que prefere programas urbanos aos que te deixam em contato com a natureza. Mas como resistir a uma cidade tão bonita? Depois que meu pai morou lá por alguns anos, aprendi a gostar do Rio e encontrei meus programas favoritos na cidade (que é mesmo maravilhosa, ô clichê perfeito!):

PARQUE LAGE

O Parque Lage é o lugar mais bonito da cidade em minha opinião. Sabe quando você entra em um lugar e parece estar entrando num filme? Foi assim que me senti na primeira vez em que estive lá. Ele fica aos pés do Cristo Redentor e, além do paisagismo lindo, tem também um palácio, que hoje funciona como escola de artes e café. Gosto de ir pela manhã, quando ainda não está muito quente, e passear pelos jardins. Se você der sorte e as filas não estiverem muito grandes, vale tomar o café da manhã por lá.

Rua Jardim Botânico, 414,
Jardim Botânico

CONFEITARIA COLOMBO

Bem no centro histórico da cidade fica a Confeitaria Colombo, restaurante famoso e que parece transportar a gente para outro tempo. O ambiente é lindo, com seus espelhos gigantescos e mesas pequenas, como nos cafés de Paris, e um piano no canto do salão. Gosto de tomar café da manhã por lá e assim poder ficar mais tempo na confeitaria. Adoro o brioche que servem no café e as louças com cara de antiguinhas.

Rua Gonçalves Dias, 32, Centro

LAPA

A minha lembrança mais forte da Lapa é do dia em que fiquei presa numa inundação por lá. Sim, isso aconteceu. E se conheci um lugar em sua pior forma e continuei gostando é porque vale a pena! Adoro o clima boêmio da Lapa, com seus barzinhos e ruas históricas. Vale visitar o Rio Scenarium, que é lindo, ou pelo menos escolher um bar na Rua do Lavradio para passar uma noite.

Rua do Lavradio, Lapa

HOTEL SANTA TERESA

O Santa Teresa é um lugar tão lindo que vale a pena visitá-lo mesmo se você não for se hospedar lá. Os quartos são incríveis, mobiliados com clássicos do design que são a cara do Rio. A vista da piscina e o Térèze, o restaurante do hotel também são maravilhosos. O ambiente é charmoso, a comida é bem-feita e o clima é de tranquilidade, daqueles lugares que dá vontade de ir e passar horas.

Rua Almirante Alexandrino, 660, Santa Teresa

RUBAIYAT

Sabe quando você prova um prato e não se esquece? As carnes do Rubaiyat são assim! Macias, saborosas e com o ponto perfeito! A experiência vale também pelos acompanhamentos, pelos pães da entrada (o pão de queijo é diferente do tradicional, mas delicioso) e, principalmente, pela vista. O salão tem janelões de vidro até o teto e mesmo quem não senta na varanda consegue curtir um pouco a linda paisagem. Para ir naqueles dias de almoço preguiçoso e longo, curtindo cada etapa.

Rua Jardim Botânico, 971, Jardim Botânico

CINCO LUGARES EM NOVA YORK

30

Sabe aquela sensação de que você nasceu no lugar errado? Eu deveria ter nascido em Nova York. Não sei quantas vezes já visitei, mas a cada oportunidade que tenho de visitá-la vibro como se fosse a primeira vez. Depois de conhecer a cidade em todas as épocas do ano, a trabalho ou só mesmo aproveitando, estes são alguns dos meus lugares favoritos:

FREEMANS

Já estive no Freemans em três ocasiões diferentes e adorei todas elas. Ele fica no fim de um beco; se não tivesse gente pra me dizer onde era eu teria passado direto! Quando você chega, vê a entrada muito gracinha, com luzes tipo de Natal penduradas, sabe? O lugar é aconchegante, com muita madeira escura. Eu poderia ter ficado a noite toda em um só prato, o *hot artichoke dip with crisp bread*, uma das entradas mais populares. Eu nem sabia que gostava de alcachofra até provar isso, uma pastinha quente com queijo, uma das coisas mais saborosas que já comi! Todos os pratos principais que provei são deliciosos, e o ambiente também é uma delícia, com luz bem baixa e grupos animados.

Freeman Alley, East Village

THE HALAL GUYS

Eu descobri os Halal Guys por acaso: estava indo ao MoMA, o Museu de Arte Moderna, e enquanto o táxi subia a Sexta Avenida, comecei a sentir um cheiro delicioso. Seguindo a fumaça descobri o carrinho, que tinha uma fila gigantesca! Era hora do almoço e quis saber o motivo da fila. Os Halal Guys são os carrinhos de comida mais famosos de Nova York, com vários pontos de venda (o primeiro é esse pertinho do MoMA!). A comida é simples, mas gostosa e barata: pratos de frango grelhado com arroz, alface e dois molhos que são o segredo do lugar, e sanduíches com o mesmo recheio. Opção rápida, baratinha e bem saborosa.

W 53rd Street, Midtown

BROOKLYN HEIGHTS PROMENADE

Como boa apaixonada por Nova York, nunca me canso de ver o *skyline* da cidade. O Brooklyn Heights Promenade é quase um calçadão, um lugar perfeito para caminhar ou sentar-se em um dos muitos banquinhos (que apareceram em filmes como *Annie Hall* — no Brasil, *Noivo Neurótico, Noiva Neurótica*) e aproveitar a vista maravilhosa do sul de Manhattan. O passeio pode continuar pelo Brooklyn ou seguir para Manhattan, cruzando a Ponte do Brooklyn.

Pierrepont Pl., Brooklyn

SMORGASBURG

Já estive em duas versões da Smorgasburg, no verão e no inverno, e preciso dizer que não importa a época do ano, vale a pena conhecer essa feira de comida que acontece aos fins de semana no Brooklyn. São mais de cem opções, mas algumas barraquinhas se destacam: é lá que foi criado o Ramen Burger, iguaria exótica e divertida (hambúrguer de miojo!). As batatas fritas da Home Frite também criam uma fila enorme — a versão trufada é bem gostosa e você escolhe o molho de acompanhamento. As *wings* do Dan and John's Wings também são deliciosas e o legal é que você define o quão apimentado quer seu molho.

90 Kent Ave, Brooklyn

MEATPACKING DISTRICT

Adoro a região do Meatpacking e as várias alternativas de passeios que há por lá. Costumo reservar uma manhã para visitar a região, que tem quatro atrações principais: o Chelsea Market, um mercado com várias opções gastronômicas que funciona onde antigamente era a fábrica dos biscoitos Oreo. O High Line, parque construído em uma antiga linha ferroviária que é diferente de tudo que a gente conhece. O Gansevoort Market, mais uma opção para matar a fome com vários estandes, uma espécie de praça de alimentação descolada. E finalmente o Whitney Museum, o museu de arte moderna que se mudou para o prédio colado ao High Line em 2015. Pensando bem, melhor reservar um dia inteiro para passear pelo Meatpacking!

Meatpacking District

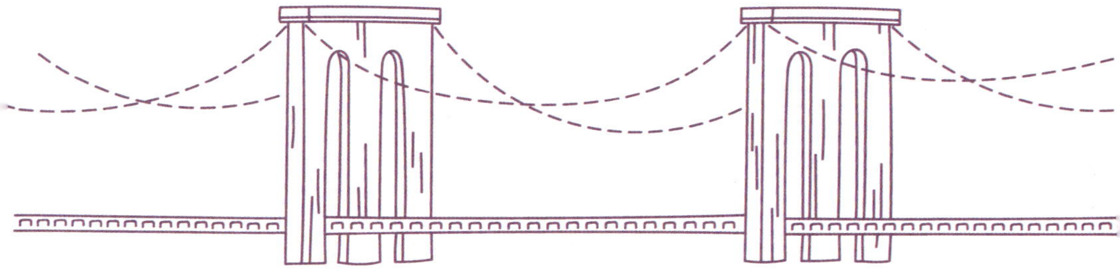

CINCO LUGARES EM LONDRES

31

É engraçado pensar que não gostei de Londres na primeira vez que fui. Que desperdício! Fui conhecer Londres de verdade apenas quando passei alguns anos visitando a cidade a trabalho, e me apaixonei. Adoro como ela é diferente o suficiente para encantar, mas familiar o bastante para não estranhar. Adoro a educação dos ingleses, a diferença de estilos e o fato de que a cidade sempre tem uma novidade, não importa quantas vezes você vá.

PRÊT-À-PORTEA

Se tem uma coisa que eu amo em Londres é o tal do chá da tarde. Que invenção ótima! Eu amo chá, mas amo ainda mais quando o tal *afternoon tea* é um *champagne afternoon tea*, opção que acrescenta uma tacinha borbulhante ao ritual. O conceito do Prêt-à-Portea é muito fofo: um chá no qual os docinhos são inspirados nas últimas coleções desfiladas na London Fashion Week. Você escolhe um chá para a parte salgada e aí recebe um pratinho com vários tipos de minissanduíches: tem de salmão, frango e opções vegetarianas... Depois dos sanduíches vem aquela torre fofa, com três pratos em um suporte, e um monte de docinhos: bolos, cremes, *éclairs*... Tem de tudo! É tudo pequenino, então dá pra provar sem se empanturrar. O mais gostoso é que o ambiente é muito agradável e a gente não sente a menor pressa, sabe? O lanche se torna uma espécie de ritual. Amo chás da tarde e sempre que vou a Londres marco um pra conhecer um novo lugar.

The Berkeley, Wilton Place, Knightsbridge

OXFORD STREET

A Oxford Street e seu entorno é meu lugar favorito no mundo para fazer compras. Tem absolutamente todas as lojas de rede, mas também marcas locais e grandes lojas inglesas de departamento. É fácil passar o dia todo passeando e observando as vitrines, principalmente se você chegar a Oxford Circus e seguir passeio pela Regent Street. As lojas que sempre visito quando estou por lá são a Selfridges, a Topshop (minha favorita!) e a Liberty, que fica na Regent.

Oxford Street, Westminster

TOWER OF LONDON

Visitar a Tower of London é quase como entrar em um túnel do tempo. Apesar do nome, a torre é na verdade um conjunto de prédios com mais de vinte torres. O lugar já serviu de residência real, prisão, morada de animais (!) e hoje virou atração turística. A parte mais legal são as joias da coroa, protegidas em um prédio blindado e cheio de segurança, mas dá pra passar o dia visitando as torres com armaduras antigas, relatos de prisões e muita história.

St. Katharine's & Wapping, Tower Hill

LONDON EYE

Toda a experiência da London Eye é surpreendente. Quando pensamos nela, uma roda-gigante (realmente gigante, são 135 metros de altura), não dá pra imaginar o quão incrível é andar nas cápsulas e enxergar Londres do alto. O momento que acho mais bonito para fazer isso é no pôr do sol (antes de comprar os ingressos vale checar quando ele acontecerá pois varia em cada época do ano), mas Londres é tão linda que não existe momento ruim para o passeio. Comprando on-line você entra numa fila menor, e logo estará na cápsula com seu grupo (cada cápsula comporta 25 pessoas). O passeio é longo, mas os trinta minutos são deliciosos, e a cada ponto você encontra algo novo para se concentrar. Se cansar é só se sentar no banquinho no meio da cabine ou se distrair com os *tablets* instalados ali.

Lambeth, South Bank

POPPIES FISH & CHIPS

É difícil saber qual é o melhor *fish & chips* de Londres, mas o Poppies sempre aparece nas listas! O clima é meio retrô, com detalhes em azul-claro, e os garçons usam uniformes temáticos. Você pode escolher o tipo de peixe (o tradicional é o hadoque) e ainda complementar o pedido com ervilhas (eu passo, porém é supertradicional) ou outros acompanhamentos. Quem não gosta de frutos do mar também pode ir ao Poppies, eles têm até opções para vegetarianos. Adoro provar comidas típicas dos lugares que visito e não dá pra ir a Londres e não provar um *fish & chips*!

6-8 Hanbury St., Spitalfields

CINCO LUGARES EM PARIS

32

Tive a sorte de meu primeiro dia na cidade ser de céu azul e ensolarado, o que me garantiu muitas fotos lindas e muita vontade de voltar, mas já conheci muitas versões de Paris. Já fui no inverno, a dois, aproveitando as ruas mais calmas. Já fui a trabalho e pude conhecer melhor a cidade por conta do tempo em que estive ali. Não importa a época do ano, Paris é mesmo uma das cidades mais charmosas do mundo. Todo mundo conhece os principais passeios de Paris, então eis alguns dos meus lugares favoritos para acrescentar na sua lista:

PARIS NY

Sim, vou começar a lista de Paris com uma hamburgueria! Amo hambúrguer e sempre tento provar os mais famosos de cada lugar que visito. O Paris NY tem várias unidades na cidade, e minha favorita é a do Marais. Além da decoração fofa, o lugar conta com várias opções de hambúrguer e sanduíches, e todos que já provei são deliciosos! Meu favorito é o Return of the Cowboy, com cheddar envelhecido e bacon.

1 Rue Perrée, Enfants Rouges

MARCHÉ DES ENFANTS ROUGES

Um mercado simpático, pequeno, daqueles gostosos de passear observando as barracas de legumes e frutas, mas que também oferece opções para quem quer comer por ali mesmo. São vários pequenos restaurantes, cada um com sua especialidade. Mesmo com tantas opções, tenho um favorito absoluto: os sanduíches do Chez Alain Miam Miam! A fila é enorme, mas acredite, vale a pena! A baguete fresca recheada com frios, queijos, salada, cebolas, cogumelos e abacate é o melhor sanduíche que já comi na vida!

39 Rue de Bretagne,
Enfants Rouges

BOUILLON CHARTIER

Se você quer provar a comida tipicamente francesa sem gastar muito, vá ao Bouillon Chartier. O lugar é muito bonito, com decoração no estilo da Belle Époque. Para contrastar com o luxo da decoração, um atendimento bastante simples e simpático: os garçons são muito bem-humorados! Sabe aquele restaurante tradicional-tiozão, simples e gostoso? Os preços são ótimos, os pratos principais saem por volta de 10 euros e pedimos um vinho bem o.k. por 15 euros. Quem for, prepare-se para as filas ou escolha um horário alternativo (é perfeito para um almoço mais tarde!).

7 Rue du faubourg Montmartre,
9ème

FLEUX'

Única loja nessa listinha, a Fleux' é o lugar mais legal que conheço pra quem quer comprar objetos para casa em Paris. São várias unidades numa mesma rua (uma praticamente ao lado da outra, cada uma com um tipo de produto) e um mix absurdo de objetos: potes, almofadas, cestos, lustres, lâmpadas... Até objetos extremamente comuns, como um escorredor de pratos, são bonitos na Fleux'! Dá vontade de comprar tudo e despachar um contêiner na hora de voltar pra casa.

39 Rue Sainte-Croix de la Bretonnerie, 4ème

HOLYBELLY

O Holybelly é um restaurante que serve café da manhã e almoço e que não se parece muito com os outros restaurantes parisienses. A decoração é uma graça, uma coisa meio pátio, bem descontraída, e eles usam o inglês como língua principal. É um daqueles lugares que você sabe que vai voltar toda vez que estiver na cidade.

O cardápio do Holybelly muda constantemente, eles sempre selecionam os ingredientes da estação para inspirar os pratos da temporada. Fiquei surpreendida com o tempero dos pratos quando almocei por lá, e achei o café da manhã igualmente delicioso!

O lugar não aceita reservas e é bem pequeno, vale chegar cedo para garantir um lugar!

19 Rue Lucien Sampaix, 4ème

LÁ EM CASA

TRABALHANDO EM *HOME OFFICE*

33

Sei que muita gente sonha em poder trabalhar em *home office*, afinal, quem não quer poder usufruir do conforto da própria casa e não ter de lidar com os transtornos de trânsito e etc.? Eu trabalho em *home office* há quase sete anos e preciso quebrar essa ilusão: não é tão fácil como parece.

Para conseguir produzir de verdade é preciso ter muita disciplina e organização, caso contrário tudo se mistura e você vai desejar voltar para o escritório.

A primeira dica que dou pra quem vai começar a trabalhar de casa é estabelecer uma rotina. Tenha horários fixos para acordar, fazer as refeições e trabalhar. Quando isso não é bem estabelecido, o que costuma acontecer é que trabalhamos demais (já me peguei finalizando trabalhos de madrugada sem necessidade!) ou então ficamos parados dependendo do retorno de alguém que trabalha em horário comercial (e são nove da noite).

Obrigue-se a trocar o pijama, pentear o cabelo e não se esqueça de avisar para quem mora com você seus horários de trabalho. Muitas vezes a família confunde as coisas e começa a interromper, fazendo com que seu rendimento seja comprometido.

OBRIGUE-SE A TROCAR O PIJAMA, PENTEAR O CABELO E NÃO SE ESQUEÇA DE AVISAR PARA QUEM MORA COM VOCÊ SEUS HORÁRIOS DE TRABALHO

6 PECADOS DE QUEM TRABALHA EM *HOME OFFICE*:

1 **NÃO TER HORA** PARA COMEÇAR A TRABALHAR

2 IGNORAR **ATIVIDADES EM GRUPO**

3 TRABALHAR DE **PIJAMA**

4 **ESQUECER** A HORA DAS **REFEIÇÕES**

5 **TRABALHAR** NO NOTEBOOK **NA CAMA**

6 **TRABALHAR** ATÉ **ALTAS HORAS**

Criar um espaço próprio para o trabalho também é muito importante. Você vai passar a relacionar aquele canto com trabalho, diferente do restante da casa. Preocupe-se com seu conforto: escolha uma cadeira ergonômica, tenha por perto o que for necessário (lápis, blocos de anotações, telefone), cuide para que seu ambiente de trabalho seja funcional e agradável. O desconforto faz você querer interromper o trabalho, então cuide para que isso não aconteça.

Logo que comecei a trabalhar de casa, uma das coisas que mais me incomodava era a solidão. Morando sozinha eu passava dias sem ver outras pessoas, o que é meio deprimente. Algumas coisas podem ajudar, como trabalhar algumas vezes por semana em locais alternativos, como um *coworking* ou café. Outra coisa que ajuda é ter atividades em grupo, mesmo que não tenham a ver com trabalho. Um curso, uma aula de ginástica, qualquer hábito que te faça interagir com outras pessoas vai tornar a rotina menos solitária.

Apesar de não ser simples, trabalhar em *home office* tem uma vantagem incrível: você ganha muitas horas no seu dia. Eu gastava cerca de uma hora e meia me preparando para o trabalho e me deslocando até lá, ou seja, ganhei cerca de três horas no meu dia. Isso permite que você durma um pouco mais, ou use esse tempo cozinhando, fazendo um curso, enfim, essa é a melhor coisa de se trabalhar em casa e vale a pena pensar bem em como aproveitar esse privilégio.

RECEBENDO VISITAS EM CASA

RECEBENDO VISITAS EM CASA

Preciso começar dizendo que minha casa não é daquelas de revista, onde tudo está sempre perfeitamente organizado e guardado em seu lugar. Gosto de pensar que minha casa tem cara de que existe vida ali dentro, com nossos objetos de uso diário de certa forma fazendo parte da decoração. Então, quando alguém vem me visitar acabo gastando um tempo preparando a casa para receber bem meu convidado.

Começo, claro, organizando a casa, recolhendo tudo que por acaso estiver fora do lugar. Depois disso é hora de pensar na decoração. Adoro usar velas e uma iluminação indireta na hora do jantar; faz toda a diferença! Então geralmente não ligo a luminária logo acima da mesa de jantar, prefiro usar velas ali e contar com as luzes indiretas de abajures para criar um ambiente mais aconchegante.

Tenho uma coleção de louças por conta do meu programa de culinária e na hora de receber elas saem do armário. Adoro misturar pratos e potes diferentes, criando um visual mais descontraído. Sempre separo todas as louças que vou usar antes dos convidados chegarem e deixo tudo organizado na cozinha de acordo com o que vou servir.

Sonho com o dia em que terei flores frescas em casa o tempo todo. Acho lindo! Mas enquanto não dá, aproveito ocasiões especiais para colorir a casa e tirar aquela cara de todo dia. Gosto de ir a uma feira de flores e escolher o que estiver mais bonito naquele dia para montar meu próprio arranjo. Dá mais trabalho, porém é um

34

passatempo gostoso; recomendo que você tente um dia.

Uma coisa que muita gente não presta atenção, mas que na minha opinião faz toda a diferença, é a música. É uma delícia ter uma trilha rolando ao longo da noite, então costumo montar uma *playlist* em um aplicativo e deixar tocando em altura agradável (nada mais chato do que ter de gritar para conversar). A *playlist* muda de acordo com o cardápio, adoro eventos temáticos! Então, se vamos de noite mexicana, a trilha tem músicas mais animadas, se é festa de criança, as músicas são infantis... Adoro montar *playlists*!

Claro que todo mundo pensa no que vai servir ao convidar alguém, mas eu costumo prestar atenção a um detalhe que faz muita diferença: nunca escolho pratos que precisem de muito preparo no último minuto, caso contrário, vou passar boa parte da noite na cozinha (e ainda não realizei o sonho da cozinha aberta, mas um dia terei!) e perder momentos ao lado dos amigos. Tento deixar pelo menos entradas e sobremesa prontas, assim passo poucos minutos finalizando o prato principal e consigo aproveitar a noite.

Por fim, tento sempre me lembrar de relaxar e curtir a noite. Quando o dono da casa está estressado, correndo de um lado para o outro, os convidados parecem ser um incômodo, e ninguém quer seus amigos se sentindo desconfortáveis, certo? Preparando tudo com antecedência, resta apenas aproveitar a companhia dos convidados depois que a campainha tocar.

RECEITAS GARANTIA DE SUCESSO

CHEESECAKE DE CREME DE AVELÃ

(10 FATIAS)

Penso que não são todos os casamentos que têm um *cheesecake* citado pelo celebrante, certo? Pois o meu teve. É que o *cheesecake* de creme de avelã fez parte do cardápio do primeiro jantar que fiz para meu marido, quando a gente não tinha nem um mês de namoro. Nós brincamos que ele ficou apaixonado de verdade depois de provar a sobremesa, que até hoje é uma das nossas favoritas (e é bem fácil de fazer!).

INGREDIENTES

- 200 g de bolacha tipo maizena
- 100 g de manteiga
- 300 g de *cream cheese*
- 60 g de açúcar refinado
- 310 g de creme de leite pasteurizado gelado
- 350 g de creme de avelã
- 60 ml de leite

MODO DE FAZER

Usando um processador ou liquidificador, triture a bolacha até formar uma farofa grosseira.

Junte a manteiga e abra a massa numa forma de fundo falso (para facilitar desenformar no final). Leve ao forno médio por 10 minutos. Em uma batedeira, junte 250 g de creme de leite, o *cream cheese* e o açúcar. Despeje o creme sobre a massa assada já fria e leve à geladeira por pelo menos 2 horas.

Para a cobertura, junte o creme de avelã com 60 g de creme de leite e misture bem. Despeje por cima da torta e leve à geladeira por pelo menos 30 minutos.

CHEESECAKE DE CREME DE AVELÃ

BEEF WELLINGTON

Eu adoro assistir a programas de culinária e certo dia assisti ao chef Gordon Ramsay ensinando sua versão do beef Wellington, prato supertradicional da culinária inglesa. E sabe quando você pensa, "poxa, nem parece tão difícil"? E não é, mas requer paciência. Virou o prato oficial dos jantares aqui em casa, já que é fácil de preparar com antecedência e impressiona os convidados.

INGREDIENTES

- 1 kg do coração do filé-mignon
- 400 g de cogumelo-paris picadinho
- 6 fatias de presunto parma
- 3 colheres (sopa) de mostarda
- 500 g de massa folhada
- 2 gemas
- Sal e pimenta
- Azeite

MODO DE FAZER

Sele o filé em uma frigideira bem quente regada com um fio de azeite. Tempere a carne com sal e pimenta à medida que for grelhando cada lateral. O ideal é deixar entre 30 e 60 segundos de cada lado, não queremos cozinhar o miolo da carne. Reserve.

Em uma panela com um pouquinho de azeite, refogue os cogumelos, temperando com sal e pimenta. Espere até começarem a soltar a água e deixe lá por 10 minutos para que o excesso evapore.

Hora da montagem: você vai fazer uma espécie de rocambole.Abra o plástico-filme em uma superfície lisa e coloque o presunto parma, sobrepondo as fatias um pouquinho. A segunda camada é a dos cogumelos.

Em seguida você vai pincelar o filé com mostarda, colocá-lo no rocambole e depois enrolar tudo com a ajuda do plástico-filme. Leve à geladeira por 30 minutos para firmar.

Abra a massa folhada em cima de um plástico-filme e coloque o filé enrolado (sem o plástico, hein!) no centro. Feche a massa com a ajuda do plástico e deixe por mais uns 10 minutos na geladeira para firmar. Depois é só pincelar com as gemas e levar ao forno alto entre 25 e 35 minutos (depende do ponto que você preferir seu filé!) e esperar 10 minutos antes de cortar para servir.

ABACATE COM CAMARÕES

(2 PORÇÕES)

Não tive muitos sintomas clássicos durante a gravidez: não enjoei, não inchei, me sentia bem disposta... Mas os desejos... Desejei abacate durante a gravidez inteirinha, e sempre com pratos salgados. Foi esperando minha filha que descobri essa receita, que une o abacate com camarões e é super-refrescante.

INGREDIENTES

- 500 g de camarões descascados e eviscerados
- 1 colher (chá) de páprica picante
- 2 colheres (sopa) de maionese
- 2 colheres (sopa) de iogurte grego
- 2 colheres (sopa) de suco de laranja
- 3 colheres (sopa) de pimentão vermelho em cubinhos
- 2 colheres (sopa) de cebola roxa em cubinhos
- 1 limão
- 1 dente de alho picadinho
- 2 avocados (aquele abacate pequenino) sem casca e semente
- 1 colher (sopa) de vinagre
- Coentro a gosto
- Sal e pimenta
- Azeite

MODO DE FAZER

Tempere os camarões e os grelhe em uma frigideira untada com azeite. Reserve até esfriar.

Faça o primeiro molho: junte a maionese, o iogurte, o suco de laranja, o pimentão e as cebolas e tempere tudo com sal e pimenta.

Para o segundo molho: junte em um processador o coentro picadinho com o alho, suco de um limão, vinagre, um fio de azeite, sal e pimenta. Bata até formar um molho.

Pique os camarões e misture com o molho de maionese. Recheie os abacates com a mistura e despeje o molho de coentro por cima.

ABACATE COM CAMARÕES

MUFFIN SAUDÁVEL DE BANANA

(6 BOLINHOS)

Sou muito preocupada com a alimentação da minha filha. Sei que não vou conseguir impedir que ela coma algumas besteiras por aí, mas em casa tento sempre ter opções saudáveis e gostosas. Quem me ensinou essa receita de *muffin* de banana foi uma nutricionista, e ela virou a favorita por aqui.

INGREDIENTES

- 2 bananas maduras
- 2 ovos
- 4 colheres (sopa) de aveia em flocos
- 2 colheres (sopa) de açúcar de coco
- 2 colheres (sopa) de fermento em pó
- 1 colher (chá) de extrato de baunilha
- Canela em pó a gosto

MODO DE FAZER

Amasse as bananas com um garfo, misture os ovos, a aveia, o açúcar e o fermento. Junte a baunilha e a canela em pó e distribua a massa em forminhas de *muffin*. Leve ao forno médio (180 graus) por cerca de 20 minutos.

WRAP DE GUACAMOLE

(4 WRAPS)

Sou louca por guacamole, e esse wrap pode ter duas versões: a normal e a *low carb*, substituindo as tortilhas por alface (eles continuam deliciosos!).

INGREDIENTES

- 4 tortilhas (ou 4 folhas grandes de alface)
- 4 filés de frango
- 1 abacate
- 1 ramo de coentro
- 1 tomate picado em cubos
- 1 cebola picada em cubos
- Páprica picante e sal a gosto
- Suco de um limão

MODO DE FAZER

Tempere o frango com metade do suco de limão, a páprica e o sal. Em uma frigideira antiaderente (usar manteiga caso não tenha) grelhe os filés e em seguida os fatie. Amasse o abacate com um garfo, junte a cebola, o tomate, o coentro e o restante do suco de limão. Tempere com sal e pimenta.

Hora da montagem: espalhe a guacamole na tortilha, distribua o frango e enrole como um rocambole. Sirva em seguida.

Wrap de guacamole

BOLINHO FÁCIL DE BATATA-DOCE

(6 BOLINHOS)

Costumo fazer esse bolinho quando a fome aperta no meio da tarde. É rápido, saudável e muito gostoso!

INGREDIENTES

- 1 batata-doce média
- 1 ovo
- ½ xícara de frango desfiado
- ½ cebola pequena em cubinhos
- 1 colher (sopa) de requeijão
- Sal e pimenta

MODO DE FAZER

Cozinhe a batata-doce no micro-ondas: depois de lavá-la, faça furinhos nela com um garfo e a enrole em papel-toalha molhado, colocando-a em um refratário de vidro. O tempo vai depender do tamanho da batata-doce, mas geralmente demora entre 6 e 10 minutos.

Amasse a batata cozida com um garfo e junte o frango, a cebola, o ovo, o requeijão e os temperos. Misture bem até formar uma massinha homogênea. Distribua em forminhas de *muffin* (prefiro as de silicone para evitar untar) e leve ao forno por 25 minutos ou até dourar.

STAUB

FALSA QUICHE DE QUEIJO COM CEBOLAS CARAMELIZADAS

(6 PESSOAS)

Fiz essa falsa quiche em um encontro de família e ela foi o primeiro item da mesa a acabar. O melhor? Não demorei nem 20 minutos para fazer!

INGREDIENTES

- 500 g de queijo (escolha o que preferir, com gouda fica ótimo!) picado em cubinhos
- 2 cebolas fatiadas
- 2 colheres (sopa) de açúcar
- 4 ovos
- 200 g de creme de leite pasteurizado
- 500 g de massa folhada

MODO DE FAZER

O primeiro passo é refogar a cebola. Espere ela murchar um pouquinho e em seguida acrescente o açúcar e espere caramelizar levemente — ela fica num tom dourado bem suave. Deixe a cebola de lado e abra a massa em um refratário que possa ir ao forno, lembrando-se de fazer furinhos com o garfo para o ar passar. Em seguida, misture os ovos, o creme de leite e tempere com sal e pimenta.

Hora da montagem: despeje a mistura de ovos e creme sobre a massa e salpique as cebolas e os cubinhos de queijo. Leve ao forno preaquecido a 180 graus por 40 minutos.

FALSA QUICHE DE QUEIJO COM CEBOLAS CARAMELIZADAS

FETTUCCINI A LA CARBONARA

(2 PESSOAS)

Massa é uma das coisas mais simples de se fazer, não é? É difícil errar! Adoro o *fettuccini a la carbonara*, uma receita saborosa e muito simples.

INGREDIENTES

- 250 g de *fettuccini*
- 200 g de bacon picado
- 2 dentes de alho picadinhos
- 1/2 xícara de creme de leite pasteurizado
- 4 gemas
- 6 colheres (sopa) de parmesão ralado
- Sal e pimenta a gosto

MODO DE FAZER

Em uma panela alta coloque um litro de água para aquecer. Quando estiver quase fervendo, junte uma colher (sopa) de sal e, em seguida, a massa. Fique atento para o tempo de cozimento, a massa deve ficar *al dente*. Em uma panela antiaderente, frite os cubinhos de bacon (caso a sua não seja antiaderente sugiro usar um pouco de manteiga, mas não exagere porque o bacon vai soltar bastante gordura). Quando estiverem quase prontos, junte o alho e, assim que cozinhar (é bem rápido!), reserve. Em uma tigela grande (é aí que você vai juntar a massa depois) bata as gemas, o creme de leite, o parmesão, o sal e a pimenta. Junte a mistura de bacon e alho. Assim que a massa estiver cozida, escorra rapidamente e junte à mistura de ovos. Mexa bem, incorporando massa e molho. É o calor da massa que vai cozinhar o molho. Sirva imediatamente.

FETTUCCINI A LA CARBONARA

SOPA DE TOMATES ASSADOS

(4 PORÇÕES)

A primeira receita que gravamos para o nosso programa de culinária é também uma das mais simples. Essa versão é um pouco mais gordinha que a original, mas ainda assim deliciosa e fácil de fazer.

INGREDIENTES

- 4 tomates grandes
- 1 cebola
- 3 dentes de alho
- 240 ml de caldo de legumes
- 250 g de creme de leite pasteurizado
- 200 g de parmesão ralado
- Azeite
- Sal e pimenta

MODO DE FAZER

Pique grosseiramente os tomates, descasque e pique as cebolas em pedaços grandes e descasque os dentes de alho. Distribua em uma assadeira e regue com um pouco de azeite, sal e pimenta. Leve ao forno alto por cerca de 30 minutos, até as pontinhas dos legumes começarem a escurecer.

Em uma panela junte os legumes assados, o caldo e o creme de leite. Deixe cozinhar por 5 minutos. Leve a mistura ao liquidificador ou use um *mixer* para triturar tudo e deixar a sopa bem homogênea. Salpique o parmesão e sirva.

Sopa de tomates assados

O QUE NUNCA IMAGINEI NA MATERNIDADE

36

Nunca fui de idealizar a maternidade. Sempre desejei ter filhos e, quando chegou a hora certa (difícil é reconhecer esse momento), nos planejamos e começamos a jornada como pais. Acredito que por nunca ter sonhado com esse momento acabei me surpreendendo bastante. Costumo dizer que ser mãe é igualmente incrível e difícil. Nunca vivi algo tão intenso, não fazia ideia do que me esperava! Por exemplo:

PARTO

Quando estava no início da gravidez morria de medo do parto. Sempre quis um parto normal, mas confesso que me assustava vendo cenas de filmes, além do mais ouvi durante a vida toda que a dor do parto é a "maior dor da vida". Minha visão sobre isso mudou depois que uma médica querida me fez refletir sobre a tal da dor. Dor geralmente é algo ruim. Indica um machucado, uma doença, logo, não gostamos dela. Mas a dor do parto indica algo maravilhoso, certo? O bebê vai nascer! Foi depois de entender isso que perdi o medo. Tenho uma lembrança maravilhosa do dia em que minha filha nasceu, de parto natural. Nunca imaginei que teria um parto tão maravilhoso!

AMAMENTAÇÃO

Eu achava que amamentar aconteceria de modo meio automático. Parecia-me natural, afinal, como o leite é o alimento do bebê, a coisa deveria fluir perfeitamente, certo? Bem, aprendi que nem sempre é assim. Achei amamentar muito mais difícil que parir, pra ser sincera (e olha que meu parto foi natural). Quando minha filha ainda não havia completado um mês de vida ouvi da médica que nos acompanhava uma frase que acho perfeita: "Se fosse fácil não precisava de tanta campanha de incentivo!". Foi difícil passar pelo puerpério e por todo sofrimento pelas dificuldades na amamentação, mas nada como o tempo, não é? Depois dos primeiros dias as coisas se ajeitam de uma forma ou de outra e a vida segue.

PEQUENOS PRAZERES

Eu sempre gostei de cozinhar. Porém nunca imaginei o prazer que sentiria em cozinhar para minha filha. Nada é mais gostoso do que vê-la animada na cozinha, esperando por algo que estou preparando. Eu sempre detestei as manhãs. Prefiro dormir tarde e acordar tarde, mas com criança isso não existe mais. Só que ser acordada por uma vozinha chamando "mamãe" é uma delícia! O olho demora a abrir, mas o sorriso sai fácil.

A BAGAGEM

É impressionante como nunca mais consegui sair de casa sem levar uma pequena mala, não interessa se o destino é outro país ou apenas o mercado. Fraldas, apetrechos para trocá-las, muda de roupas, brinquedinho, babador e uma comidinha é o mínimo! Se planejamos ficar mais tempo fora de casa, a bagagem aumenta, e se eu for te contar tudo que preciso levar para ficar uma semana, você desiste de ler o livro.

PAGANDO A LÍNGUA COMO MÃE

Todo mundo é o pai perfeito... até o bebê nascer. Qualquer pessoa que já pensou em ter filhos certamente já falou algo do tipo: "Quando eu tiver filhos, jamais vou...", e depois vale qualquer coisa. É muito fácil ditar regras quando a gente não está no jogo, não é? Contudo quando a criança está em casa, o panorama geralmente muda. Bem, por aqui mudou. Não é que eu faça tudo que disse que não faria, mas fiquei bem mais flexível e, claro, paguei a língua. Meus "eu nunca" incluíam:

TV

Uma vez li uma reportagem que dizia que assistir à TV antes dos 2 anos poderia ser prejudicial ao desenvolvimento da criança. Não me lembro dos detalhes, mas fiquei com isso na cabeça e achava que por aqui seria assim... Até perceber a hipocrisia dessa decisão! Trabalho criando conteúdo em vídeo, consequentemente assisto a milhares de vídeos todos os dias, e ela me observa fazendo isso. Então, como restringir? A solução foi escolher conteúdos educativos e limitar horários.

NÃO É QUE EU FAÇA TUDO QUE DISSE QUE NÃO FARIA, MAS FIQUEI BEM MAIS FLEXÍVEL E, CLARO, PAGUEI A LÍNGUA

BABÁ

Achava que não seria necessário ter ajuda com um bebê em casa. Como eu e meu marido trabalhamos em *home office*, pensava que seria tranquilo ter um bebê dormindo ao nosso lado enquanto estivéssemos trabalhando. Tenho vontade de rir quando penso nisso. Contratamos uma babá quando minha filha tinha 1 mês de vida e entendemos que bebês precisam de atenção *full time* (até porque a minha não tirava as tais longas sonecas durante o dia). Só depois disso que conseguimos voltar a produzir.

BEBÊ NO QUARTO

Quando estava grávida comprei um berço que mudava de tamanho, assim poderia usá-lo no meu quarto em versão pequena durante o primeiro mês de vida dela. Eu era enfática ao dizer "primeiro mês", no singular, porque nunca gostei da ideia de ter o bebê dormindo com os pais. Só que os trinta dias se completaram e... Não tive coragem. Ela dormiu no nosso quarto até os sessenta dias, e a primeira noite dela longe foi supertranquila... Pra ela. Eu sofri porque achava que era pequena demais para ficar naquele quarto enorme sozinha!

LIMITES

Tinha vários enfeites de vidro em casa, em prateleiras baixas, que as pessoas começaram a dizer que eu teria que guardar quando o bebê começasse a andar. Eu respondia, cheia de mim: "Imagine, vou ensiná-la que não pode!". E, bem, aqui fiquei num meio-termo. Alguns enfeites permanecem, e aos poucos ela aprende o que pode e o que não pode, mas outros ganharam prateleiras mais altas. É exaustivo ficar o tempo todo falando "não", e preferi facilitar o dia a dia pra todo mundo reduzindo os perigos.

DICAS RÁPIDAS PARA UMA CASA MAIS ORGANIZADA

37

Já admiti algumas vezes que não sou a pessoa mais organizada do mundo. Mas sou contraditória: odeio bagunça! Então sempre tento me cercar de artifícios que facilitem a organização e me ajudem a manter a casa em ordem, mesmo com meu talento para bagunça.

CABIDES IGUAIS NO ARMÁRIO

Desenvolvi aflição de ver cabides diferentes no guarda-roupa. A bagunça visual atrapalha a visualização das peças, por isso, há alguns anos investi em kits de cabides que mantenho até hoje em casa. Escolhi os de veludo, que evitam que as peças escorreguem e são bem fininhos, permitindo que o espaço seja melhor aproveitado. Também mantenho todos na mesma direção, assim quando abro o armário me concentro nas roupas e não na bagunça de cabides.

ETIQUETAS

Nunca pensei que teria uma etiquetadora, mas hoje considero uma das coisas mais úteis que já comprei. Etiqueto caixas, potes na cozinha, HDs externos no escritório, marco o lugar de cada coisa nas prateleiras e armários... Tendo tudo bem identificado fica difícil colocar as coisas nos lugares errados.

O USO DETERMINA O LUGAR

Peças e objetos de pouco uso ficam nos lugares de mais difícil acesso, como os maleiros. É lá que guardo botas de neve, casacos pesados, chapéus... As malas de viagem ficam no quarto de despejos, assim como as decorações de Natal. Já objetos de uso diário ficam nas prateleiras mais baixas e acessíveis, assim sempre voltam para o lugar após o uso.

ARQUIVO SUSPENSO

Minha vida mudou depois que organizei meus documentos em pastas dentro de um arquivo suspenso. Ficou bem mais simples encontrar documentos importantes e, principalmente, descartar a papelada desnecessária.

ESCONDER A BAGUNÇA

Tem horas que a desordem é inevitável, não é? Já tentou organizar brinquedos? Parece que eles se multiplicam a cada dia! A solução que encontrei para tentar manter os ambientes organizados foi comprar grandes sacos de tecido e manter os brinquedos ali. Tenho vários, e o melhor é que quando eles não estão sendo usados ficam guardadinhos dobrados dentro do armário.

PARA A LUÍSA
DE DEZ ANOS
ATRÁS

PARA A LUÍSA DE DEZ ANOS ATRÁS

Que sensação gostosa estar quase se formando na faculdade, não é? Gostosa e estressante, eu sei, afinal esse perfeccionismo todo faz com que o projeto de graduação seja uma das únicas coisas em que você consegue pensar agora. Isso e seu casamento, que vai acontecer ano que vem. Sobre o projeto, pode ficar tranquila: você vai tirar 100 (acredita?). Já o casamento...

Quando você ficou noiva, não gostou da reação de sua mãe, lembra? Quem gostaria? Ela disse que era loucura, e tudo que você esperava era animação com a notícia. Porém ela estava certa. Mães geralmente estão, você vai entender melhor quando tiver sua filha e começar a compreender cada decisão que contestava ao observar sua mãe. Mesmo assim seu primeiro casamento vai ser importante pra você.

Nesse turbilhão de último ano de faculdade, noivado e estágio, você vai encontrar um tempinho para praticar um hobby que agora você já mantém há alguns anos: escrever textos para a internet. Já faz um tempo que você deletou seu último blog e tem sentido falta, afinal, como é muito tímida, é na internet que consegue se expressar, não é? Se eu te contar que essa timidez vai passar você acredita? Sim, eu sei que você já tentou até fazer terapia pra isso e não adiantou, mas juro: você vai perder a vergonha!

Toda essa dedicação à faculdade vai valer a pena: você será contratada

38

quando se formar (aliás, preste atenção no seu chefe!) e vai realizar seu sonho de participar do programa de *trainees* daquela editora que despertou sua vontade de fazer *design*. A parte chata é que você vai detestar o trabalho e vai se decepcionar, mas é sempre bom entender o que a gente não quer pra nossa vida. Todas essas experiências, por mais frustrantes que sejam, vão te ajudar a tomar decisões importantes no futuro.

Continue ouvindo sua intuição: vai valer a pena estudar moda durante esse ano para conseguir finalizar seu projeto. Todas as referências de fotografia de moda que você reuniu para esse projeto vão te ajudar muito mais do que você imagina. São Paulo vai parecer enorme nas viagens de pesquisa, no entanto daqui a alguns anos você vai conhecer essa cidade quase como se morasse lá. Sabe aquela sensação de nervoso ao ver a placa da SPFW um dia por acaso? E se eu te contar que aquilo vai fazer parte de sua rotina?

Eu sei que o layout do blog que você criou não é lá grande coisa, mas é o que deu pra fazer nesse ano apertado. Ele vai mudar e evoluir, e essa marca vai estampar muito mais que um blog na internet. Continue escrevendo, lendo outros blogs, aprendendo. Não tenha medo de mudar de ideia, de se expor um pouquinho. Continue sendo perfeccionista, mesmo que te chamem de chata. Se algo pode ser melhorado, por que não? Essa chatice vai te levar longe!

CARTA DE DESPEDIDA

Queridos leitores,

Escrever é parte da minha rotina há uma década. Publico algo novo praticamente todos os dias desde 2007 e, por mais incrível que pareça, ainda não acho que é hora de parar.

E qual é o motivo? Vocês! Sempre encarei o blog como um veículo para conversar diretamente e trocar experiências com outras pessoas. Eu conto uma história, vocês me contam as suas e assim vamos papeando, aprendendo, nos ajudando a encontrar as coisas boas da vida. A ideia do blog foi e sempre vai ser um guia colaborativo, onde todos podem expor as opiniões e trocar ideias.

No Chata de Galocha encontrei pessoas que estavam passando por situações parecidas com as minhas, leitoras do outro lado do mundo que se identificam com o que vivo aqui e, principalmente, amigas de verdade que compartilham (e adoram!) o meu jeito chata de ser.

E, bom, tenho certeza que, depois deste livro, até quem não conhecia o blog está convencido que ser um chato de galocha é uma coisa bem legal!

Não temos de ter vergonha e nem tentar mudar o nosso jeito de ser. E sabe por quê? Porque buscar as melhores coisas na vida é um prazer que deve ser compartilhado com todos ao nosso redor!

Escrever um livro foi um processo incrível, inigualável e inesquecível. Revisitei todas as fases pelas quais passei ao longo do tempo, revendo conceitos, relembrando histórias e revivendo os sentimentos que tomaram conta de mim na primeira vez em que passei por tudo isso. Percebi o quanto mudei e o que ainda faz sentido depois desse tempo. Eu cresci pessoal e profissionalmente e sou muito grata a isso.

Agradeço de coração a todos os meus leitores e à Editora Gente por me permitirem viver essa aventura.

Espero que este guia tenha proporcionado momentos gostosos na sua vida e que você se lembre de mim quando estiver planejando uma próxima viagem, cozinhando e provando uma das receitas ou escolhendo o look de um próximo compromisso.

Sinto-me privilegiada em poder viver tudo isso e nada faria sentido se não tivesse com quem dividir minhas histórias. Muito obrigada por me acompanharem, pelas conversas, por me fazerem uma pessoa melhor e por sempre me apoiarem. A internet mudou muito nos últimos anos e fiz questão de evoluir junto. Espero ansiosa pelos próximos dez anos e tudo o que está por vir!

Essa carta deveria ser de despedida, mas na verdade é para pedir para que a gente não precise se despedir: espero seu contato, seu comentário ou simplesmente seu "oi" nas minhas redes. Vou adorar saber o que você achou!

Use a #livroChatadeGalocha para me contar nas redes sociais o que gostou mais! Onde você leu o livro, quais lugares conheceu graças a ele, fotos de uma make inspirada pelas dicas que estão aqui... E não esqueça que continuo no chatadegalocha.com sempre compartilhando tudo com vocês!

LU FERREIRA

Esse livro foi impresso
pela Assahi Gráfica
em papel couché 115g.